식탁 위 사과 한 알의 낯빛이 저리 붉다

— 지연희 수필선

현대수필가100인선 Ⅱ · 3

수필과비평사 · 좋은수필사

식탁 위 사과 한 알의
낯빛이 저리 붉다

— 지연희 수필선

책머리에

    수필은 누구나 부담 없이 읽고, 마음만 먹으면 직접 쓸 수도 있는 가장 친근한 문학이다. 다른 영역의 문학이 영상매체에 밀려 신음하고 있는 중에도 수필 인구만은 날로 증가하여 바야흐로 수필 전성시대를 구가하고 있는 이유도 거기에 있을 것이다.

    시대적 추세에 힘입어 수많은 수필전문지, 수필동인지가 창간되고, 이에 비례하여 신진 수필가도 날로 늘어나다 보니 이제는 그 많은 작가, 그 많은 작품 중에서 문학성 높은 작품을 가려 읽는 일이 쉽지 않게 되었다. 이런 현상은 작가에게나 독자에게나 결코 바람직한 일이 아니다. 더 나아가서는 수필을 연구하는 후세들에게도 큰 부담이 될 것이다.

    이런 문제를 해결하는 데는 출판인도 마땅히 한몫을 감당해야 한다는 평소의 소신에 따라, 본사가 기꺼이 그 역할을 맡기로 했다. 그 첫 번째 사업으로 시대를 대표할 만한 수필가 100인을 선정하고, 작가가 자선한 40편 내외의 작품을 수록한 문고본을 발간하여 이를 널리 보급함으로써 그 소임을 다하고자 한다.

    본사는 사명감을 가지고 이 사업을 추진해 나가기로 했다. 작가 선정을 전담할 편집위원회를 구성하고 전권을 위임하여 일체의 사적인 정실이나 청탁을 배제함으로써 전문성과 공정성을 확보해 나갈 것이다.

    따라서 이 기획물 속에는 작가의 문학정신뿐만 아니라, 본사의 문학사적 기여 의지와 편집위원 제위의 수필문학에 대한 애정과 문인으로서의 양심이 함께 담겨 있음을 자부한다. 다만, 작가를 선정하는 기준에는 많은 견해의 차이가 있을 수 있고, 선정 과정에서도 미처 챙기지 못한 부분이 있을 것이라는 사실만은 인정하지 않을 수 없다. 이 점에 대해서는 관계자 여러분의 양해 있으시기 바란다.

이 시리즈의 발간 순서는 작가, 또는 본사의 사정에 의한 것일 뿐 그밖의 어떤 기준도 적용하지 않았음을 밝힌다.

본 기획물이 시대를 초월한 많은 수필 애호가들의 관심과 애정 속에 우리나라 수필문학 발전에 한 이정표가 되기를 바랄 뿐이다.

본사에서는 이상과 같은 취지로 《현대수필가 100인선》 전 100권을 완간하여 큰 반향을 불러일으킨 바 있다.

그러나 우리 수필문단의 규모나 수필문학의 수준에 비추어 선정 작가를 100인으로 한정하는 것은 형평성이나 효율성 면에서 크게 부족하다는 의견이 많았고, 본사 또한 이를 통감하던 터라 기꺼이 《현대수필가 100인선 Ⅱ》를 발간하기로 했다.

본사의 충정에 찬동하여 출판에 응해주신 저자 여러분께 진심으로 감사한다.

2014년 9월

수필과비평 · 좋은수필 발행인　서정환
현대수필가 100인선 간행 편집위원　박재식　최병호
　　　　　　　　　　　　　　　　정진권　강호형
　　　　　　　　　　　　　　　　오세윤

책머리에 ― **4**

1
그늘의 배려

내 발걸음의 꽃은 무엇일까 ― **12**
가을엔 그리운 사람이 올 것만 같아 ― **15**
대숲 사이로 스미는 햇살 ― **19**
그늘의 배려 ― **23**
바람 앞에서 ― **26**
새봄을 위한 생명 하나 ― **29**
바람의 눈 ― **33**

2
겨울나무의 봄

시간의 흔적 ― **38**

겨울나무의 봄 ― **42**

벌거벗은 은행나무 ― **46**

수확의 기쁨 ― **50**

전지剪枝 ― **55**

직시直視와 암색暗索 ― **58**

동질同質 ― **62**

3
시간의 유혹

욕망 ― **68**
욕심 ― **72**
시간의 유혹 ― **76**
생명의 신비를 위하여 ― **79**
불행을 딛고 일어서면 ― **85**
그대가 그곳에 서 있기에 ― **89**
목욕탕집 할머니 ― **93**

4
침묵의 몸짓

생명의 눈뜸 ― 98
매일을 삶의 마지막 날이라고
생각할 수 있을 때 ― 102
가을엔 깊이 외로워하자 ― 107
멈추어지지 않는 시간의 수레바퀴를 타고 ― 111
생존 ― 115
침묵의 몸짓 ― 119
내 삶의 길에는 ― 123

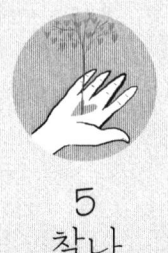

5
찰나

경청傾聽 ― **128**

찰나 ― **132**

식탁 위 사과 한 알의 낯빛이 저리 붉다 ― **136**

지나간 시간의 흔적은 아름답다 ― **138**

자존의 가치를 세우기 위해 잎을 버리는 나무처럼 ― **140**

낙엽의 춤사위 ― **142**

나무는 무엇을 버리고 무엇을 품으려 했을까 ― **144**

작가 연보 ― **146**

그늘의 배려

1

내 발걸음의 꽃은 무엇일까
가을엔 그리운 사람이 올 것만 같아
대숲 사이로 스미는 햇살
그늘의 배려
바람 앞에서
새봄을 위한 생명 하나
바람의 눈

내 발걸음의 꽃은 무엇일까

 어김없이 또 한 해의 하루하루를 맞이하고 있다. 그리고 어제처럼 내일의 보랏빛 꿈으로 오늘의 삶을 최선을 다해 마무리한다. '내일은 오늘보다 더 큰 무엇이 다가올 거야.' 라는 기대이다. 돌아보면 어제의 그 시간과 의미들 속에 서 있지만 오늘은 분명 그 내일을 향한 희망으로 존재하는 것이다. 누구에게 뚜렷한 약속도 받은 일 없이 내 삶은 또 그렇게 매일을 꿈꾸며 오늘과 내일을 산다. 마른 가지에 꽃을 피우고 열매를 매다는 나무뿌리를 닮고 싶은 모양인지 마른 시간을 다듬는 내 발걸음은 때문에 하루도 무심한 날이 없다. 특별한 이상을 꿈꾸지 않아도 오늘의 나는 무엇인가를 위해 최선을 다하는 모습이다.
 영하의 날씨에 지녔던 잎새들 다 떨어뜨리고 찬바람에 가지를 흔드는 옥상의 등나무 마른 가지를 바라본다. 고슴도치처럼 몸을 움츠리고 맨몸의 살갗을 내어놓은 채 사르르 떠는 모양이다. 제 몸을 의지할 곳 없어 지하철 맨바닥에 신문지 깔아놓고 하룻밤 노숙하는 거리의 사람들이 이 혹독한 겨울의 하루를 감내하고 있다. 눈부신 내일을 향한 인내이다. 몸속의 모든 핏줄이 활기찬 고동 소리를 내고 모든 살갗들이 말갛게 피어나는 봄날의 잎 돋음을 위한 내일이 있어 혹한과 싸우고 있는 것이다.

등나무 가지 위에 겨울 참새들이 날아와 가지의 살갗을 쪼며 무엇인가 조아린다. 너무 깊어 깨어날 수 없는 잠은 자지 말라는 부탁인 듯싶다. 하루에 몇 번씩 찾아와 마른 나뭇가지의 등을 토닥이는 참새들의 노래가 헛된 일은 아니었다. 해마다 등나무는 혹한의 겨울을 딛고 일어서 봄이면 보랏빛 등꽃을 옥상 가득 피워주었다. '나는 할 수 없는 일이야.' '내가 어떻게 이 추위를 견딜 수 있어.' 하며 저 등나무는 그대로 주저앉아 자신을 포기한 일은 없었을까. 내 몸과 영혼을 쓰레기처럼 내버리지 말라는 이의 말씀을 가슴에 담아본다. 나를 헌신짝처럼 버리고 무심히 시간의 바퀴에 나를 밟히게 하지 말아야 한다는 의미이다. 맨몸 맨살로 차디찬 지하철 시멘트 바닥에 누워 있는 한 남자의 가슴에 꽃나무 한 그루가 뿌리를 내렸으면 싶은 날이다.

겨울 한파로 불현듯 다가서는 예기치 않은 불행들이 나를 아프게 하고 그대로 주저앉게 할 때가 많다. 어떤 삶을 사는 사람에게나 예고 없이 다가설 수 있는 슬픔이다. 그러나 다행스럽게 그 불행을 딛고 일어서는 용기 있는 사람만이 또 내일이라는 희망을 향해 발걸음을 시작한다. 거듭되는 고난의 길 위에서 진정한 삶의 의미를 깨달을 때가 있다. '산다는 건 이것이구나.' 거듭거듭 넘어져 일어서는 발걸음 끝에 피어나는 깨달음이 삶의 꽃처럼 피어난다. 일상으로 일어서는 아주 작은 기쁨들의 소중함, 삶은 그 소중한 기쁨의 반복이라고 한다. 내일 우리 곁에 다가설 듯싶은 꿈의 기다림 속에 존재하는 작은 행복이다. 아무것도 아닌 것 같은 일상 속에 존재하는 한 번의 미소, 한 번의 기쁨 때문에 오늘도 나는 내 발걸음이 수놓는 소중한 일상을 향해 걷고 있는 모양이다.

가을엔 그리운 사람이 올 것만 같아

 전신을 찜통 속으로 사정없이 밀어 넣던 한여름의 맹렬한 무더위가 단 하루 만에 꺾이고 있다. 오늘 24절기 중 하나인 입추立秋가 찾아온 때문이다. 그처럼 기세등등해 치솟아 오르던 수은주는 전국을 불덩이 속으로 몰아넣었었다. 얼마나 반가운 손님인가. 온종일 쉴 새 없는 머리 돌리기로 만신창이가 된 선풍기의 가중한 노동도 한낮을 제외하고는 수고하지 않아도 된다. 섭씨 35°내외를 오르락거리던 폭염, 적의 요새를 뚫고 드는 정찰대의 침투인 양 뚜렷한 몸집으로 다가온 입추! 조석으로 어머님의 자장가처럼 감미로운 바람이 살갗에 닿아 온다. 산기슭 나뭇가지를 흔드는 소슬한 가을의 숨소리가 들린다. 24절기의 열세 번째에 속하는 대서大暑와 처서處暑 사이에서 붉은 단풍의 휘장을 열어 놓을 만만찮은 기세다. 삼복 중의 가을 내음, 바람을 긷지 않아도 성급히 가슴 끝에 내려앉은 향기다. 잎이 떨어진 가지 사이로 붉은 감 열매가 정취를 더할 만추晩秋의 적신호가 아니고 무엇이랴.

설렘으로 불어오는 가을바람, 완연한 여름 속의 가을 손님이다. 나는 해마다 그렇게 빠른 걸음으로 찾아오는 계절의 몸짓을 기쁜 마음으로 맞이하곤 한다. 때문에 사계절을 모두 한 발씩 앞서가는 편이다. 봄에는 여름의 글을, 여름엔 가을의 글을, 가을엔 겨울의 글을 미리 노래하며 살고 있다. 한 걸음씩 빠른 걸음으로 다가오는 계절의 날렵한 방문을 특별한 마중으로 한 발씩 앞당기며 보다 먼저 만나고 있다. 낙화하는 나뭇잎의 떨림을, 외로움에 지친 겨울 나목의 깊은 시름을 만나고, 개나리 진달래꽃을 겨울의 한가운데서 불러 앉힌다. 주렁주렁 탐스럽게 매달린 청포도의 밭이랑을 보다 먼저 거닐기에 가슴 조인다. 굳이 한여름에 가을 원고를 써야 하는 까닭뿐이 아니라 마음이 왜 이리 앞서가는지 모르겠다. 무엇이 기다리고 있을 것만 같은 끈질긴 무언無言의 손짓이 못내 어른거려서다.

정상을 향해 산 언덕을 오르는 알피니스트와 같이 한 발 앞서 걷는 발걸음에서 보다 부푼 꿈을 꾸며 보다 커다란 희망을 간직하기 위함은 아닌지 모른다. 폐부로 닿아오는 계절의 감각, 가을의 만남에 전신이 떨고 있다. 이토록 온몸에 울림이 오는 것은 금년 가을엔 필연코 그리운 사람이 찾아온다는 예시豫示가 아닌가. 그가 오는 날엔 이왕이면 비가 내렸으면 좋겠다. 레인코트 칼라를 목줄기 위로 올리고 우산을 받쳐든 그의 모습이 가을 속에선 더욱 빛나기 때문이다. 정겨운 얘기를 나누며 덕수궁 돌담길을 거닐거나, 경복궁 구중궁궐 이씨 조선의 애환을 한몸에 담고 몇 백 년의 삶을 이어오는 고목의 느티나무 밑에 앉아 옛얘기를 나누고 싶다. 떨어지는 낙엽을 어깨에 날리며 잃어버린 세월과 그리움으로 일관된 보고픈 사람의 눈동자 속에 침몰하고 싶은 게다. 그리하여 어느 사이 불혹의 나이를 넘겨온 지난일들을 반추하며 서로의 모습들을 재확인하고 웃고 싶다.

이미 골이 패어 흘러가 버린 세월의 주름살, 그렇게 저물고 있는 가을 저녁을 얘기하고 싶다. 잊고 있지 않기 위하여, 영원히 잊혀지는 망각의 두려움에 빠져들지 않기 위하여 금년 가을은 확실한 모습으로 그리운 사람은 내게 가까이 있어야 할 것 같다. '보다 뚜렷한 모습으로 오라.' 가을엔 쓸쓸해지는 가슴과 보다 비어 있는 마음으로 그 어느 계절보다 슬프게 그리운 사람을 만날 수 있을 것 같다. 멀고먼 빙하의 땅에 동결(凍結)되어 이루어질 수 없었던 깊은 만남을 위하여 가을은 여름이 다하기를 기다리고 있을 것만 같다.

푸르던 잎에 붉은 물을 들이고 고운 단장을 준비하고 있다. 이름 없이 스쳐 지나는 하늘과 땅과 바람과 새들, 풀잎까지 모든 것들과의 감미로운 만남을 이루어 놓기 위하여 가을은 끊임없이 바람을 불어주고 낙엽을 쓸고 있으리라. 지천으로 피어 있는 꽃향기 속의 봄날이 아니다. 뼛속 깊이까지 활활 불을 사르는 여름날의 만남도 아니다. 너무 맑고 높아 슬픈, 청정한 하늘. 가을의 만남을 간절히 희망하고 있다. 눈과 눈을 마주하고 그리움에 아팠던 가슴속 짙푸른 눈물을 퍼내어 흘릴 수 있는 낙엽 떨어져 휘날리는 가을에 그리운 사람을 만나야 한다.

　이미 시작되어진 말복 중의 가을, 입추立秋. 금년 가을엔 분명한 모습으로 그리운 사람이 찾아올 것만 같다. 중절모자에 레인코트를 걸치고 두 손은 주머니 속에 밀어넣은 채 묵묵한 걸음으로 찾아올 것만 같다. 조석으로 그가 걸어오는 모습이 보인다. 조석으로 그의 노랫소리를 들을 수 있게 되었다. 붉게 상기된 모습, 살갗을 흔드는 서늘한 바람이 인다. 가을이, 해가 지는 언덕처럼 홀로 쓸쓸한 것은, 가을이 종일 출렁이는 바다처럼 슬픈 노래를 부르는 것은, 그리운 사람을 만나기 위함이다. 들판 가득한 갈대숲으로 가자. 광활한 벌판을 뛰어와 끝없이 펼쳐진 갈대숲으로 가자. 마른 풀꽃의 푸르렀던 흔적을 밟고 지나 향기롭던 풀내음을 기억하며 눈을 감고 귀를 막아도 좋다. 오직 감각만을 열어 놓을 가을로 가자. 바람의 노래는 살갗만으로도 들을 수 있다. 가을엔 그리운 사람이 찾아올 것만 같다.

대숲 사이로 스미는 햇살

대숲 깊숙이 마련된 의자에 앉았다. 나란히 숲의 길목에 앉아 한 사람은 땅에 떨어져 누렇게 마른 댓잎을 주워 만지작거리고 한 사람은 이제 막 돋아나는 대나무 순을 바라보며 생명의 신비에 대하여 그 경이로움을 읊는다. 하루라는 시간 중 가장 따사롭고 싱그러운 오후 2시의 시각, 내나침 숲과 숲 사이를 뚫고 이제 막 아침 세수를 마친 이슬 머금은 풀잎 같은 햇살의 몸짓이 들어선다. 햇살은 빗살무늬를 그리며 굵은 대나무 기둥 사이로 돋아난 가느다란 가지에 머물고 있다. 가지 끝 잎새가 감내했을 지난 겨울의 한파를 다독이는 모양새다. 바스락거리는 마른 댓잎이 고요히 파릇한 새순을 밀어올리고 있다.

파릇한 대나무 햇순은 신선한 생명력을 지닌다. 윤기 어린 순수의 빛깔을 머금고 이제 막 피어오르는 햇살의 깊이와 바람의 결을 감각의 올로 받아 마시며 조금씩 성장해 나갈 것이다. 아직은 휘청거리는 가느다란 가지에서 돋아난 잎새가 줄기의 성장을 위해 최선의 노력을 다하고 있다. 몸에 닿는 햇살의 크기를 빈틈없이 받아 마시는 모양새는 엄마 품에 안겨 젖을 빠는 아기의 모습처럼 순연하다. 달디단 햇살을 머금고 있는 여린 잎새가 생명의 뿌리를 땅속 깊이 내려주고 있다. 튼실하게 땅속 깊이 뻗어낼 뿌리의 힘은 어떤 비바람 폭풍우도 견디어낼 강인한 대숲의 의지이다. 햇살을 머금은 잎새의 눈빛이 어린 새의 눈망울처럼 곱다.

  대숲 사이에 스미는 햇살은 숲의 가슴을 단단히 여물게 하는 어머니의 손길처럼 은혜롭다. 대나무 기둥 사이사이 유희를 하듯 사뿐거리는 햇살에 꼿꼿이 곧은 나무의 살갗이 윤기 가득히 드러난다. 말끔히 씻긴 꽃밭처럼 싱그러운 대숲의 기운이 전신을 휘감을 때면 쉬이 타지 않고 쉬이 젖지 않는다는 대나무의 의지가 손끝에 묻어난다. 숨죽였던 꿈의 깃발을 세워 하늘 높이 비상의 날개를 펼치다가도 잠시 이마의 땀을 식히는 여유가 믿음직하다. 적당한 간격으로 매듭을 지어 숨고르기 하는 넉넉한 마음은 나무의 힘을 더 단단히 세우게 한다. 다시 한 무리의 햇살이 대나무 숲을 흔들어댄다. 온통 숲은 빛의 그물에 걸린 황금물고기의 파닥임을 펼치고 있다.

  댓잎이 바람의 손끝으로 흔들린다. 이른 아침이면 잎새에 맺힌 투명한 이슬 한 방울을 마시기 위해 대숲의 그늘에 앉은 찻잎은 길 잃은 이의 눈 밝힘처럼 고개를 들어 댓잎의 이슬을 마주하고 있다. 대숲은 수직으로 꼿꼿이 몸을 낮추어 한 모금의 죽로차 竹露茶를 빚어낸다. 한 가닥의 고요를 안고 한 방울의 정제된 생명이 찻잎에 떨어져 목젖을 흐르는 것이다. 한 방울 댓잎의 이슬이 전생의 인연 하나 깁지 못하여 가슴에 묻었다가 억겁의 시간 위에 문 열고 떨어뜨리는 눈물이다. 댓잎에서-찻잎으로 떨어지는 결정 結晶, 이슬로 덮은 잎들이 한 모금의 죽로차竹露茶로 피어날 것이다. 아침 햇살을 머금고 대숲의 금琴으로 곡조를 떨어뜨리는 이슬이 곱다.

대숲의 햇살이 불현듯 자취를 감추기도 한다. 숲 속 맨살을 스치고 지나는 바람은 빈 가지의 종아리를 매질하는 회초리처럼 포효하고 섰다. 깊은 상처 위에 반짝이는 눈웃음으로 스며들던 햇살이 이 봄의 대숲에서 사라지고 없다. 제법 굵은 빗줄기가 대숲을 흔들고 있다. 비는 온갖 먼지와 오염에 싸인 도심의 나무들과 목마른 사막의 모래밭에서 손꼽아 기다리는 일이지만 온종일 햇빛 줄기 하나 만나지 못한 나뭇잎은 마음 가난한 이의 머리카락을 쓰다듬는 햇살의 손길을 그리워한다. 햇살은 어머니의 훈육처럼 달콤하다. 햇빛을 받지 못한 나무들은 가느다란 줄기로 제 몫을 이루지 못하고 웃자라 허리가 꺾이고 만다. 햇살이 그리운 날이다. 어머니가 그리운 날이다.

지금 대나무 숲에는 비가 그치고 맑은 죽순이 생명의 순으로 돋아나 있다. 잎의 형상을 한참 바라보고 있으면 푸르고 깊은 호수처럼 나무의 깊이를 가늠하게 한다. 대나무는 쉬이 꺾이지 않는 강인한 의지의 힘이 내면의 물줄기로 흐르고 있어 군자의 도를 상징하고 있다. 속이 비어 큰 울림소리를 안고 있는 대나무 숲에 한 무리의 햇살이 몰려와 있다. 구름 걷힌 숲이 환하다. 단단한 힘으로 줄기를 키우는 햇살이 소란스럽다. 이 나무 저 나무의 기둥을 휘감고 비에 젖은 나무의 등을 토닥이고 있다. 햇빛이 대숲을 비추는 순간이면 나는 어둠 속에서 광명을 보았다는 헬렌 켈러를 생각하곤 한다. 불굴의 의지로 온갖 장애를 딛고 일어서 세상 모든 장애인의 어머니가 되었던 그녀의 불꽃 같은 생의 의미를 생각하게 된다.

그늘의 배려

 창밖은 온통 어둠이다. 하루가 지녔던 분주한 일상을 다독이느라 빛은 지금 휴식 중이다. 어머니의 손길처럼 가슴 깊이 빛을 끌어다 품으로 안는 밤은 때문에 저토록 고요하고 평안한지 모른다. 밤이면 낮의 삶이 지녔던 크기를 헤아리지 않을 수 없다. 하루를 반성하는 자성의 시간이다. 무슨 욕심이 그렇게 많아 몸에서 정신에서 떼어놓지 못하는 일들로 짓눌려 있던 내가 보인다. 버리지 못하는 욕심에 대하여 생각하게 된다.

 어이없는 일에 욕심을 부릴 때가 있다. 온종일 생각에 묻혀 문득문득 정신을 가다듬고 몰두하다가 마음밭에서 내려놓기도 하지만 결국은 포기하지 못하는 일이다. 버려야 할 것을 버리지 못하고 쌓아 놓는 버릇과 같다. 일 년 내내 한 번도 입지 않는 옷들인데 어느 옷은 30년이 지난 듯도 싶다. 또한 여행지에서 집어온 관광 안내 책자가 큰 상자에 가득하고 해마다 연말이면 받는 성탄 기념 카드나 신년 카드는 수년이 지나도록 모아두고 있다. 무엇이든 버리지 못하는 욕심이지 싶다.

　담아야 하는 내용만큼 버려야 하는 문장들에 대하여 고심할 때가 많다. 완성된 글을 쫓기듯 e-mail로 전송하고 게재된 책자를 받고 나면 페이지의 행간을 차지하고 있는 버리지 못한 욕심 같은 언어들이 남아 있어 낯을 붉히게 된다. 장항아리에 끓어 넘치는 숙성되지 못한 뜨거운 욕망의 누액과 같다. 동아줄처럼 내 몸의 전신을 휘감고 있는 아직도 무엇이 되고 싶은, 무엇이 되어야 하는 욕심의 흔적이 누더기처럼 문장이라는 이름으로 붙어 있는 게 확연하다.

　창문 밖 등나무는 연륜의 빛깔을 더하며 짙푸른 신록의 옷을 입고 있다. 지금 한창 무성한 잎새로 가지를 뻗어 옥상에 쏟아지는 한낮의 폭서를 막아 주는 일을 한다. 무엇보다 덩그마니 놓여 있는 비치파라솔 밑 4개의 플라스틱 의자를 감싸는 그늘은 얼마나 고마운 일인지 모른다. 어느 날엔 저녁 무렵 무더위를 식히기 위해 의자에 앉게 되면 불어오는 바람의 깊이를 짚어주어 한층 시원함을 느끼게 된다. 무성한 가지와 잎새가 베풀어준 배려이다. 결국 나무가 뿌리로부터 몸으로 끌어올린 사랑의 힘이다.

　욕심이 앞서면 배려해야 할 일에 소홀해지기 쉽다. 미리 나누고 베풀 수 있는 일을 찾아나서는 훈련이 필요한데도 늘 게으르다. 새 생명의 씨앗을 물고 있는 나무의 열매는 종족 번식을 위한 자연의 순환 고리를 잇고 있다. 하지만 나무는 새들의 먹이가 될 양을 계산하여 열매를 매단다고 한다. 나무가 매단 열매의 모든 개체가 다 종족 번식을 위한 개체가 아닌 것이다. 숲의 소리를 깨우는 조류의 먹이가 될 양을 배려해 열매를 돋아 올린다는 것이다. 제 몸의 살을 빈틈없이 내어주며 생명의 순을 돋아 올린 껍질만 남은 마른 감자 한 알처럼 누군가를 위해 내 몸을 내어줄 수 있다는 일은 기쁨이다.

아름다운 삶은 더불어 사는 세상을 말하고 있을 것이다. 웅크려 가슴에 품고 있는 것들을 내어놓는 배려가 세상을 톱니바퀴처럼 순환하게 하는 힘이지 싶다. 누군가에 대한 따뜻한 배려는 마음에 담아야 할 가치 있는 일이다. 삶의 길에 놓인 모든 의미들이 서로 아름다워질 수 있는 바람을 갖게 된다. 하여 만물의 근원인 어머니의 가슴처럼 모든 일상의 아픔까지 끌어안는 밤의 평화를 닮고 싶다. 과한 욕심을 버리고 아름다운 일에 투신할 수 있는 마음의 여유가 그립다.

바람 앞에서

 오늘이 立春인 탓일까 햇살이 노오랗다. 대기에 흐르는 햇살의 가닥들이 좌우로 몸을 흔들며 부드럽게 춤을 추는 듯하다. 며칠 전 그 혹한의 흔적은 사라지고 계속되는 이상기온은 2월 초입을 살면서도 예년의 3월 기온 속에 있다. 한낮이 완연한 봄인 양 싱그럽고 따사롭다. 봄이 시작된다는 전갈은 아무 이유 없이 가슴을 부풀게 한다. 비록 남은 겨울의 미련으로 꽃샘추위가 찾아오겠지만 봄소식만큼은 까닭 없이 마음을 환하게 한다. 어떤 좋은 일이 있을 것 같고 공연히 기쁘다.
 남산 어느 길목에는 노란 복수초가 얼음 땅을 비집고 활짝 꽃을 피웠다고 한다. 다투어 뒷집 목련의 마른가지 끝에 머금은 봉긋한 꽃방이 하루가 다르게 부풀어 오르고 있다. 봄소식을 피울 자세다. 가지 가득 피워낼 맑은 꽃잎의 날갯짓, 수백 마리의 우윳빛 새 떼들이 가지를 박차고 하늘을 향해 날아오를 것이다. 어제의 그 살을 에는 듯한 추위 속에서도 목련나무는 안간힘으로 꽃의 자리를 지켜내고 머지않아 온몸 가득 해맑은 꽃송이를 피워낼 듯싶다.

앙상한 가지의 겨울나무가 잎보다 먼저 피워 올릴 꽃은 한파를 견디어낸 나무의 상처이다. 가슴 안으로 삭인 아픔의 흔적이다. 삭풍의 칼날에 베인 상처의 흔적 위에서 목련꽃은 꽃잎을 연다. 가득 쌓인 눈밭에 시린 발목을 감내하고 일어선 인내의 꽃이다. 가지마다 흔들어대던 바람의 날선 횡포에 전신을 내어주고 나무는 얼마나 참고 견디었을까. 아픈 가슴을 열어 환한 미소로 피워낼 목련꽃의 청초한 꽃잎을 그려본다.

아침 4호선 전동차 안 한구석에 한 남자가 누워 있다. 때 묻은 머리칼, 때 묻은 얼굴, 때 묻은 손, 때 묻은 옷, 때 묻은 신이 사람이 버린 몸에 붙어 사람의 형상을 그리고 있다. 좀체 일어날 듯싶지 않은 남자를 사람들은 관심조치 버린 듯하다. 전동차 바닥 한구석 새우등을 하고 누운 남자는 겨울 삭풍에 빠져 헤어날 줄 모른다. 스스로가 서릿바람이 되어 차디찬 맨바닥에 누워 자신을 버렸다. 한때 목련의 앙상한 나뭇가지도 감내하기 힘든 한파를 온몸으로 맞이하였으나 굳건한 인내로 곧 꽃을 피워낼 자세다.

나무가 꽃을 피웠을 때, 꽃을 피워 열매를 매달았을 때의 기쁨은 생명을 간직한 존재의 의미가 된다. 생명으로 태어나 올곧은 일을 세우고 최선을 다해 살아갈 수 있다면 그처럼 보람된 일이 또 있으랴. 최선의 노력은 최선의 결과를 낳는다. 다만 만사는 대의를 위한 일에 투신할 때 진정한 정의를 창출할 수 있고, 믿음과 신뢰를 쌓을 수 있다. 무엇이 삶의 조건이 되고, 무엇이 삶의 결과를 이룩하는가는 스스로의 마음가짐에 달렸다. 어느 시기보다 초록 잎새로 싱그러울 봄을 눈앞에 두고 있다. 마른 가지에 새 생명을 탄생시키는 경이로운 계절이다. 쓰러진 나무를 바로 세우고 누운 나무를 곧추세워야 할 것이다.

어떤 역경 속에서도 긍정적 시선으로 나를 일으켜 세울 수 있을 때 봄은 마른 가지에 꽃을 피울 수 있다. 내일 모레는 한 차례 비가 내린다고 한다. 비가 내리면 아직 흙을 헤집고 솟아오르지 못한 수많은 생명의 씨눈들이 불쑥불쑥 고개를 들 것이다. 얼마나 많은 생명들이 흙을 비집고 돋아나 꽃을 피워낼지 상상만으로도 입가에 미소를 머금게 한다. 은혜로운 빗방울이 전동차 속 노숙자의 묵은 때를 말끔히 씻어줄 수 있기를 기대해 본다. 봄은 온갖 꽃들의 고향이고, 봄은 온갖 아픈 영혼들에게 새 희망을 키워내는 어머니이기 때문이다.

전 세계적인 경제 불황으로 희망을 잃어버린 사람들이 하루가 무섭게 늘어나고 있다. 그들의 가슴 위에 포근히 내려앉아야 할 햇빛- 꺾인 나뭇가지 끝에서 연초록 생명이 눈을 틔우듯이 절망의 늪에 선 사람들에게 따뜻한 햇빛의 손길이 닿았으면 한다. 가없는 햇빛의 사랑이 스러지는 나뭇가지를 일으켜 세웠으면 좋겠다.

새봄을 위한 생명 하나

가끔 대문 밖 시멘트 틈 사이를 비집고 돋아난 작은 풀 한 포기를 생각한다. 몹시 슬픈 일이 생겼을 때 그를 생각하고 감당하기 어려운 고통이나 고독이 찾아들 때 그를 생각한다. 시멘트 담과 골목 포장도로가 맞닿은 지점의 실낱같이 벌어진 틈새를 용케도 비집고 돋아난 작은 풀포기 하나가 생명이 오묘한 이기(利器)를 내어 보인 것이다. 엄지손가락 키의 풀 한 포기는 가느다란 가지를 좌우로 뻗어 놓고 그 가운데에 군건한 모양의 꽃대를 세워서 깨알만큼이나 작은 꽃을 피워 물고 있다.

그냥 스쳐 지날 때는 풀포기의 존재조차 눈에 담기 어렵다. 단숨에 그의 작은 가슴에 핀 작디작은 꽃송이는 더욱 알아차리기 힘든 일이다. 가까이 앉아 조용히 그를 지켜보아야 천진스런 꽃송이를 확인할 수 있다. 실낱같은 가느다란 꽃대를 가지와 가지의 중앙에 반듯하게 세워 앙증스런 꽃송이를 피워 놓은 자태는 너무도 작아 애처롭기까지 하다. 어쩌다 불어오는 미풍 속에서 조용히 흔들리는 모습은 겨울밤 남몰래 사뿐히 뜰에 내려앉은 하얀 눈송이처럼 맑고 깨끗하다.

완전한 흰빛도 아니고 완연한 분홍빛도 아니면서 어느 날은 희디희고 어느 날은 수줍은 소녀의 능금빛 볼처럼 불그레하게 상기되어 미소를 짓는다. 너무나 맑고 깨끗한 미소를 짓는다. 처음 그가 시멘트 틈 사이를 비집고 한 포기의 풀잎으로 돋아났을 때 나는 그의 생명이 예사롭지 않다는 것을 알아차렸다. 몸 전체의 크기래야 단 10cm도 되지 않는 연약한 모습이지만, 그가 펼쳐놓은 잎새의 그 파릇한 윤색은 어떤 생명 못지않은 꿋꿋함과 희망의 빛으로 기름을 발라 놓은 듯 반들거리고 있다.

세상에 생명을 심고 삶을 영위한다는 일은 참으로 쉬운 일인 듯하지만 그렇지만은 않다는 것을 느끼게 된다. 때로는 따사로운 햇빛이 비추어 전신을 은혜로움으로 살찌우지만 어느 날은 모진 비바람이 단숨에 몰려와 뿌리까지 뽑아내고야 만다. 휘몰아치는 폭풍우 속에서 가지가 꺾이고 잎이 떨어져 나가는 고통을 감내하면서 뿌리를 지키기에 안간힘을 다하는 나무들의 모습을 바라본다. 사력을 다하여 생명을 이어가려는 나무의 불굴의 의지를 가슴에 담는다.

세상을 살아내는 고통이야 어디 한두 가지뿐일까. 뜬금없이 외로움이나 슬픔을 느낄 때가 있다. 허무함을 실감할 때가 있다. 홀로 있다는 아득한 고독을 발견할 때는 참으로 견디기 어려운 일이다. 그러나 어떤 고통일지라도 견디어내는 모습은 참으로 아름답다. 지난여름 시멘트 담과 포장도로 사이 벌어진 가느다란 틈 사이로 댐의 수문을 박차고 쏟아지는 물살과 같이 장마의 세찬 물결이 몰려들었다. 전신이 좌우로 밀리고 밀치어졌으나 풀 한 포기는 끝끝내 자신을 잃지 않고 고개를 들어 가지를 펼쳐내고 있었다. 비좁은 마른 공간의 실낱같은 틈새로 풀씨 하나 떨어져 생명이 시작되고 쥐구멍에 볕이 들 듯 은총의 빛이 머물러 탄생되었기에 그는 그렇게 강인한 자태로 생명을 지키는 듯했다.

한 줄기 따사로운 햇빛의 등을 타고 생명은 탄생된다. 삶의 가장 큰 축복이라 일컫는 풀꽃이 꽃송이를 피우기까지 얼마큼의 고단함이 있었을까. 연약하기 짝이 없는 모습 누구도 쉽게 눈길 주지 않는 소외됨 속의 자리 지킴, 나는 때때로 그의 꿋꿋한 의지의 아름다운 삶을 가만히 지켜본다. 세루에 오염되지 않고 청정함 그대로 다소곳이 서 있는 모습이 정의롭다. 시멘트 틈 사이 홀로 쓸쓸하기 짝이 없으나 굳건히 견디어내는 의지를 사랑하지 않을 수 없다.

요즈음 새로운 걱정거리가 생겼다. 불현듯 다가올 것만 같은 이별 때문이다. 어느새 계절은 특유의 몸짓으로 그 열정적인 여름을 벗어나 조석으로 차갑게 살갗에 닿는 바람을 불러 앉히고 있다. 가을바람이다. 여름의 흐름은 눈 한 번 감았다 뜬 찰나의 순간인 듯하지만 산이며 들이며 강이며 하늘까지 계절의 변화를 느끼지 않을 수 없다. 가을이 지나 곧이어 겨울이 우리 곁에 머무를 것이다.

　겨울의 그 혹독한 한파를 맞이해야 할 준비가 필요하다. 저 여린 풀꽃 하나는 살이 에이는 한파를 받아들이지 않을 수 없다. 바람 앞의 촛불 같은 풀꽃은 분명 찬서리 눈보라를 견디지 못하고 생명의 옷을 벗지 않을 수 없을 것이다. 다만 그 굳건한 생명의 의지를 내려놓고 풀꽃은 자취를 감추지만 새봄이면 그의 꽃을 빌려 탄생되어질 생명들이 파릇이 고개를 들 것이다. 세상 마음 아픈 사람들의 위로가 되어 어느 시멘트 바닥과 시멘트 벽 틈새를 비집고 생명 하나 새롭게 돋아낼 것이라 믿는다.

바람의 눈

폭염의 한낮에 목덜미를 스치는 바람의 손길은 여간 반가운 게 아니다. 등줄기를 흐르고 있는 숨은 땀방울까지 씻어주고 있다. 삼복의 치마폭에 숨어 있던 무더위도 서서히 고개를 감추지 않을 수 없는 8월이다. 참으로 알 수 없는 일은 8월이 되어 신비하리만큼 변신해 버린 바람의 모습에 조서으로 한기를 느낀다는 점이다. 또한 가슴 한쪽이 무너져 내리기 시작했다는 일이다. 어제가 입추라고 한다. 절기가 먼저 온 것인지 서늘한 바람이 먼저 불어온 것인지는 알 수 없지만 어쩜 그렇게 하루아침으로 변신을 할 수 있는 건지 신기해할 뿐이다. 어쨌든지 가을이라는 절기가 문턱을 넘어섰다는 예고이다. 그 때문에 가슴이 이렇게 허허벌판처럼 쓸쓸하기 짝이 없는 것인가.

머지않아 나뭇가지의 잎새마다 붉게 단풍물을 들일 가을바람,

그가 분명 내 남루한 치맛자락 끝에도 물을 부을 것이다. 벌써부터 햇살 고운 창가에 서서 상념의 밭을 가는 내 허허로움의 그늘에 그가 찾아오는 모양이다. 바람 끝이 달다. 활활 불을 지피는 꽃잎의 화형, 그 찬란히 타오르는 불꽃을 간직할 수 있도록 내 가슴 곁에 가슴 하나를 여분으로 더 달아야 할 것 같다. 제주도 백록담에서 시작하여 지리산 설악산을 거쳐 금강산 백두산까지 뻗어 오를 불의 화신, 금년엔 한계령의 산정에서 그를 맞이해야겠다.

  치유할 수 없는 천형의 바람이다. 창살의 방충망에 붙어 소리를 높이는 매미의 울부짖음을 듣는다. 오히려 멍하니 귀가 막혀 소리는 천지에 흩어진다. 아무런 소리의 흔적도 들리지 않는다. 칠 년을 땅속에 묻혀 애벌레로 견디다가 칠 일간의 사랑을 위해 목숨을 바치는 매미. 그 마지막의 사랑을 위해 목청껏 그리운 이를 부르고 있다. 하늘을 찌르는 그의 노래는 순식간에 공중에서 산화된다. 산화된 소리의 흔적을 삼킨 바람의 무리가 지체하지 않고 땅으로 내려앉는다. 열린 반소매의 드러난 살갗 위로 설익은 가을이 스쳐간다. 바람은 아직 싱싱한 푸른 잎의 가로수 잎사귀 위에 불고 있다.

  내 평생 통틀어 이처럼 깊은 바람 속에 빠진 기억은 없다. 어린 시절엔 일기장에서부터 시작하여 노트, 편지지, 원고지, 백지 위에 마음을 빼앗겼다. 초등학교 땐 담임선생의 칭찬에 기가 살아 글을 쓰기 시작하고, 사춘기 무렵엔 이성에 눈떠 일기장의 백지를 까맣게 물들였다. 철이 들어선 온몸을 조여 오는 외로움의 뿌리가 원고지를 메우기 시작했었다. 지금은 남편이 이르는 팔자소관 때문인지 문단의 일원으로 창작이라는 미명 아래 30년이 넘는 세월을 흘려보내며 어느 한순간도 글을 생각하지 않고는 견디지 못하는 중증 환자이다. 자연스레 책상 위에 앉아서 컴퓨터의 자판을 두드린다. 못난 글이든 잘난 글이든 써야 한다는 욕심을 버리지 못한다. 바람이다. 내 육신이며 영혼까지를 휘감고 있는 나의 바람은 누가 그 어떤 무엇으로도 잠재울 수 없는 악성 종양인 듯싶다.

바람의 실체는 눈에 보이지 않는다. 손에 잡히지도 않는다. 그리고 사람의 눈 그 가시거리 밖에서 존재하고 있다. 잡힐 듯 잡히지 않고, 보일 듯 보이지 않는다. 때문에 나 역시 그의 부름에 현혹되거나 맹목적으로 빠져서 헤어나질 못하는 것이다. 세상을 뒤흔들어 회오리를 일으킨다는 바람의 눈, 그를 잡기 위해 사람들은 스스로 바람 속에 갇히고 있다.

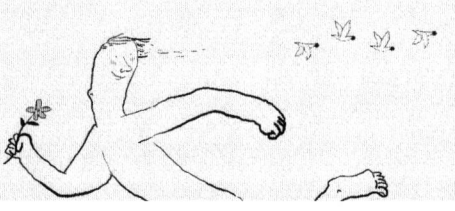

겨울나무의 봄

2

시간의 흔적
겨울나무의 봄
벌거벗은 은행나무
수확의 기쁨
전지剪枝
직시直視와 암색暗索
동질同質

시간의 흔적

샛노랗게 물든 은행잎도 큰 어른 손바닥보다 넓은 플라타너스 잎들도 거리에 황량하게 뒹굴기를 며칠째, 오늘은 그들조차 하나 둘 자취를 감추고 있다. 넓은 벌판을 세차게 휩쓸던 바람이 도심의 가로수길 보도블록 위를 저 혼자 머뭇거리고 있을 뿐이다. 가을 잎이 어미의 가지에서 지표 위에 떨어지기 무섭게 쓸어내던 미화원 아저씨의 수고가 더 이상 필요치 않게 된 것이다. 가지만 앙상한 가로수 밑에 몸을 움츠리고 걷는 사람들이 추워 보인다. 맨몸의 앙상한 가지는 어디선가 먹이를 쪼다가 좌우로 부리를 닦는 참새들에게 몸을 내어주고 있다. 기력이 쇠한 나뭇가지의 거무스레한 살갗이 늙은 어버이의 주름살 같아서 안쓰럽다.

기온이 낮아지면서 도심을 배회하던 노숙자들이 지하철 역사 밖에서 지하철 역사 안을 점거하기 시작하더니 따뜻한 전동차를 타고 앉아 얼어붙은 몸을 다스리고 있다. 그들을 만나는 날은 가슴부터 아려오기 시작한다. 무심코 곁에 앉았던 사람들이 오래 곰삭아 부패한 때의 쾌쾌한 냄새를 견디지 못하고 몸을 피한다. 주변에 진동하는 견디기 힘든 남루의 흔적으로 거리의 나그네는 조용히 눈을 감은 채 앉아 있다. 때로는 주변 사람들의 관심에 대한 분노도 서슴지 않고 소리를 지르거나 이유 없이 트집을 잡는다. 어쩌다 오늘과 같은 삶을 살 수밖에 없었을까, 측은해 하다가 우리 사회가 짊어져야 할 짐인 듯싶어 마음만 무거울 뿐이다. 가지에서 떨어진 낙엽 하나가 미화원의 손끝 보살핌도 받지 못하고 어제 내린 빗물의 잔상 위에 뒤척이고 있어 가엾다.

동네 어귀에 화장품을 파는 집이 있고, 곁에는 구두를 닦고 수선하는 집이 있다. 25년 전, 열세 살 아이는 동네 상점이며 은행 등을 찾아다니며 닦을 구두를 산더미같이 모아들고 신 나게 동네를 뛰어다니곤 했었다. 워낙 깔끔하고 총명한 아이라 관심을 두었는데, 아이는 부모가 양육시키는 게 아니라 지역 청소년 보호 시설에서 돌보아 주고 있었다. 아이는 구두 닦는 일을 배워 그 일로 돈을 많이 벌겠다는 소박한 꿈을 설계하기도 했었다. 학교 공부는 해야 하지 않겠느냐는 물음에 아이는 야간 중학교에 다니기로 했다는 것이다.

어린아이가 이젠 제법 30대 후반의 늠름한 청년으로 성장하여 그곳 수선집의 주인이 되어 구두를 수선하고 구두를 닦는 일을 천직으로 삼고 열심히 살고 있다. 그가 하는 일은 온종일 넘쳐나 언제 그곳에 가도 일은 밀려 있다. 더 이상 신을 수 없을 듯한 낡은 구두가 말끔한 모양으로 수선이 되어 서민의 가게를 살찌게 한다. 몇십 년을 한 가지 일에 종사한 탓에 그의 손은 신비할 정도로 변신을 보여주고 한 달 수입도 웬만한 월급쟁이보다 낫다고 한다. 최선을 다한 시간의 흔적이다.

화장품 가게 앞에 며칠 전 낙엽 쌓인 가로수 밑에 서서 멍하니 하늘을 지키던 남자가 떨고 있다. 겹겹으로 옷을 껴입었지만 그의 얼굴빛은 청록색이다. 두 다리를 번갈아 들었다 놓았다 하는 양으로 보아 몹시 추운 모양이다. 양손은 겉옷의 주머니에 넣고 앙상하게 마른 얼굴의 입으론 계속 무슨 말을 하는 듯하다. 아주 가까이 다가서지 못해 알아들을 수는 없지만 입놀림은 매우 유연하다. 중요한 건 그의 발 옆에 놓인 두꺼운 책이다. 너덜너덜하게 귀퉁이가 잘려나간 대형 영어사전이 검은 때가 묻은 채 귀중품처럼 놓여 있다는 것이다. 그가 그 두껍고 무거운 사전을 왜 들고 다니는지 모르겠다. 엉키고 삐쭉삐쭉 불거진 그의 머릿결이나 겹겹의 때로 윤기가 나는 얼굴과 손등, 발에 맞지 않은 신을 신은 그를 통하여 그가 걸었던 과거의 삶을 유추하기엔 그가 지닌 현재의 형상이 너무나 절망적이다. 그의 미래의 삶은 현재의 연속일 수밖에 없는지 안타까울 뿐이다.

해마다 뒷집 감나무는 서리가 내리는 영하의 추위 속에서도 붉은 열매를 가지 가득 달고 있다. 깊은 가을날의 고운 낙엽의 소리를 다 듣도록 열매와 잎을 욕심스럽게 나무 가득 잡고 있다가 입동이 지나서야 하나둘 잎새를 내려놓기 시작한다. 기온이 영하로 오르내린다는 요즈음 감나무는 저 붉은 시간의 흔적들을 앙상한 가지로 붙들고 좀체 내려놓으려 하지 않는다. 뭇새들의 허기진 욕망에 상처를 입고 있지만 뜰의 주인 역시 한겨울이 되어서야 가장 높은 하늘 가까운 곳 가지 끝으로 몇 개의 까치밥을 준비해 주곤 한다. 창밖엔 아직 빈 가지 위로 붉은 감들을 떼어내지 못하는 나무의 사랑이 보인다. 겹으로 입은 두꺼운 옷 사이로 바람의 크기가 해풍처럼 스며드는 을씨년스런 날씨이다. 문득 주변의 모든 빛깔들이 거무스름한 가운데 가지에 매달린 여린 열매들이 가여워 보인다.

겨울나무의 봄

 연이은 한파가 온몸을 움츠리게 한다. 살을 에는 추위 탓이다. 겨울이 겨울다운 모습을 보여주어야 한다지만 헐벗은 겨울나무가 맞는 세찬 바람의 감촉은 칼날의 상처처럼 아프다. 하지만 겨울나무는 허허벌판의 한가운데에 홀로 서 있거나 드높은 산의 꼭대기에 서서 온갖 바람의 세기를 다 맞이할 수밖에 없다. 가끔은 하얀 눈꽃을 맞으며 살갗에 닿는 바람의 매를 피하기도 하지만 기실 겨울나무가 가지를 흔들며 울음을 삼키는 까닭은 하루에 몇 시간은 가지와 가지 사이를 지나며 따사로운 빛살을 뿌려주는 햇살 때문이다. 햇살은 마치 어머니의 손길처럼 살갗에 입은 상처를 어루만지며 참고 견딜 수 있는 용기를 심어준다.
 어느 해보다 지난해는 생활의 어려움을 견디지 못하고 삶을 포기하는 사람들이 많았다. 그것도 가족이라는 이름으로 아내와 자식까지 동반하여 한강물에 투신하거나 독극물을 마시고 자살한 사례가 거듭됐다. 그만큼 견딜 수 없는 삶의 어려움을 극단적 행위로 보여준 사람들이 적지 않았다는 증거이다. 그러나 세상 모든 사람이 다 그와 같은 연약한 정신으로 생명을 버려야 한다면 살아남아야 할 사람의 수는 얼마나 될까 생각하게 된다. 갈대는 흔들려도 꺾이지 않는다. 모든 분야에서 성공한 사람들의 과거는 몰아치는 비바람에 스러졌다 일어선 갈대였으며, 망망대해 풍랑의 터널을 지나 잔잔한 물결 위의 포구에 닿은 돛단배였다.

산에 오르던 날, 폭풍을 만나 기둥 중심이 꺾이었던 소나무의 밑 등걸에서 새 생명의 일어섬을 확인한 적이 있었다. 생명을 지키는 뿌리의 힘이 얼마나 갸륵한지 한참을 들여다보았다. 몸으로 견딜 수 없는 장해 앞에서도 포기하지 않고 일으켜 세우는 생명의 힘은 내일을 향한 꿈의 용틀임이었다. 하늘 높이 가지를 뻗어 반짝이는 햇살을 맞이하고 싶은 용기가 이룩한 새로운 삶의 아름다운 눈빛이었다. 그것은 우주 공간 속에 존재하는 모든 생물에게 주어진 생명 탄생의 이유이며 생명의 소중한 가치를 스스로 지켜야 하는 과제이다. 생명의 본질은 다듬고 가꾸어 소멸의 끝까지 살아가는 데 있기 때문이다.

겨울이면 목련나무 가지 끝으로 봉오리를 더욱 굵게 키우는 모양을 확인하게 된다. 겨울이 깊으면 깊을수록 목련나무는 금방이라도 탁탁 틔워낼 만큼의 꽃봉오리를 물고 영하의 삭풍도 아랑곳하지 않는 자세다. 아픔이 크면 그 아픔의 크기만큼 봉오리를

제2부 겨울나무의 봄

키우는 가지는 수도승의 사리처럼 처절한 인고의 열매를 품는다. 그리고 봄이 문턱에 닿으면 개나리 진달래와 더불어 그 우윳빛 순연한 꽃잎으로 계절의 문을 앞장서 여는 것이다. 새의 날갯짓 같은 목련꽃 봉오리는 겨울 한파를 인내하여 분만한 결실이다. 아프고 시린 삭풍의 끝에서 결연한 용기로 피워 올린 보석이다.

지진 해일로 한순간에 삶의 터를 잃고 어버이는 자식을, 자식은 어버이를 잃는 참혹한 참사가 전 세계를 경악하게 했다. 남아시아 해변 몇몇 천해의 휴양지를 집어삼킨 재해는 15만이 넘는 인명을 앗아갔으며, 살아남은 사람들에게 삶의 의욕을 상실하게 하는 아픔을 일깨우고 있다. 서서히 스러진 몸을 추슬러 일어서는 사람들을 바라보며 슬픔을 딛고 내일을 향해 걷는 이들의 용기는 새로운 삶의 터전을 이룩하리라는 믿음을 갖게 한다. 일어서는 사람은 걸어갈 수 있고, 앞을 향해 걸어가는 사람은 푸른 벌판을 지나 드높은 산의 고지에 다다를 수 있기 때문이다. 살을 찢고 뼈를 깎는 고통이지만 어둠의 터널 뒤에는 광명의 빛이 존재한다는 사실을 믿어야 한다.

포기하는 일만큼 무모한 삶은 없다. 겨울 한파를 피해 지하도를 배회하는 거리의 사람들을 보면 '오죽하면' 이라는 말이 튀어나온다. 오죽 살길이 막막하여 저리 되었을까 생각하다가 조금 더, 조금 더 노력하고 부단히 어떤 일을 위해 용기를 지녔다면 하는 안타까움이 인다. 매사는 그가 지닌 정신의 가늠에 따라 길을 열어 준다. 무엇을 하기 위해 노력하는 사람에게는 문이 열린다는 것이다. 비록 지금 이 순간 비좁고 허술한 문일지라도 넓히고 가꿀 수 있는 용기만 살아 있다면 내일이라는 시간과 작은 희망의 끈 하나는 잡을 수 있기 때문이다. 자신을 포기하는 일도 또 다른 의미의 용기라는 생각을 한다. 죽을 수 있는 용기로 살아보라는 말이 있는 것처럼 끝내 살아내려는 희망 하나면 꿈은 이룰 수 있다.

이 겨울이 지나면 따사로운 햇살의 봄이 다가온다. 움츠렸던 어깨를 펴고 파릇한 생명의 돋아오름도 바라보게 된다. 바람은 싱그러울 것이며 얼었던 개울물도 풀릴 것이다. 목련 가지에선 또다시 그 맑고 고운 꽃송이가 피어나게 된다. 겨울이 가져다 준 선물이다. 혹독한 추위의 겨울 뒤에 꽃은 더 빛이 곱고, 새 생명은 더 파릇이 돋아난다. 겨울나무의 시린 아픔과 자리엔 뿌리로부터 끌어올린 생명의 박동을 느낄 수 있게 된다. 말간 눈의 새순이 돋아나 울창한 숲을 이루며 실한 열매도 매달 것이다. 오늘 이 매서운 바람의 겨울 강을 건너야 향기로운 봄을 맛을 수가 있다.

벌거벗은 은행나무

 파릇파릇한 생명을 돋아 올리던 경이로움으로 시작하여 풍성하게 잎을 달고 있던 은행나무가 맨몸으로 겨울 뜰에 섰다. 지난 시간들이 찰나인 듯 다시 한 해의 끝에 서 있는 것이다. 한 해라는 길이의 공간과 시간은 순간 스치고 지나는 바람의 흔적과 다르지 않다는 것을 다시 확인하게 된다. 찰나에 손바닥 위를 지나는 바람의 흔적처럼 눈에 보이는 건 빈 손바닥이다. 이름하여 물빛 짙은 여름도 지나, 붉다거나 노랗다고 말하는 언어 이상의 색감으로 가슴을 흔들던 가을도 일순간에 스쳐 지나갔다. 지금은 앙상한 가지의 맨몸으로 서서 살을 에는 칼바람에 몸을 맡긴 벌거벗은 나무일 뿐이다. 있는 대로 몸을 움츠린 은행나무 한 그루가 바람에 가지를 흔들고 가지 중심에 촘촘히 가는 나뭇가지로 엮어 건축한 까치집도 안고 흔들린다.

풍랑 속의 돛단배처럼 앙상한 은행나무 가지가 흔들리고 까치집이 흔들린다. 벌거벗은 은행나무는 다시 이 깊은 한파를 견딜 수 있어야 가지마다 고운 새 생명을 피워낼 수 있을 것이다. 비록 일정한 시간 뒤에 떨쳐 버리는 이별의 아픔이 다가온다 할지라도 돋아 올리고 피워내는 흔적으로 살아있음을 증명하게 된다. 산고의 아픔으로 다시는 아이를 낳지 않겠다는 산모가 다시 새 생명을 잉태하듯이 나무는 뿌리 깊은 아픔을 감내하고 있을 것이다. 이 가엾이 반복되는 어미의 상처, 그러나 자의든지 타의든지 가지에서 떨어진 잎은 이미 제 갈길을 찾아 흔적 없이 흩어진 지 오래다. 나무의 떠나보내는 아픔을 잎이 알 수도 있겠으나 이 절대한의 이별은 생명이 생명으로 지녀야 할 순연한 순환의 과정으로 감내하지 않을 수 없는 순리임에는 분명하다.

　　까치가 집을 보수하는 듯했다. 지난 이른 봄, 봄기운을 먼저 알아차린 걸까 본래의 집 위에 나뭇가지를 물어 나르더니 분주하게 먹이를 나르고, 얼마 후 새끼들의 모습을 보여주었다. 아직 은행나무에 잎이 돋아나지 않은 봄날의 따사로운 햇살 속에서 까치는 열심히 어린 까치를 둥지 밖으로 불러내어 나는 법을 가르치고 있었다. 어미가 먼저 가지 하나를 뛰어넘으면 어린 까치가 따라하고 따라하기를 반복하는 것이었다. 어찌 보면 야단을 치는 듯도 싶을 만큼 무엇인가 지저귀며 부리를 흔드는 모양새는 엄한 어버이의 훈육이었다. 그리고 은행나무는 파릇한 생명을 배추밭의 새싹처럼 가지에 돋아 올리고 풍성하게 키워낸 푸른 잎으로 나무를 감싸고 까치집도 감추어 놓았었다.

  자식은 키우는 기쁨이라고 한다. 아픔으로 생명을 분만하고 사랑으로 보살핌 속에서 행복을 느끼는 대상이다. 그리고 그 눈에 넣어도 아프지 않다는 자식은 어미의 품을 떠나 광활한 초원 위를 날아 멀어져가는 새들처럼 독립하여 자존의 삶을 걱정하게 된다. 순리이다. 톱니바퀴처럼 교차되는 생명의 순환 고리는 비록 앙상한 뼈대만 남긴 어미의 모습일지라도 날아가는 새는 날아야 한다. 뼛속 깊은 추위와 뼛속 깊은 고독이 찾아오는 계절이 오면 나무는 그때마다 시련의 의미를 딛고 일어선다. 사랑은 아픔이며 아픔의 크기가 클수록 성숙한 나무는 보다 많은 생명의 눈을 틔워낼 수 있다는 사실을 배운다. 벌거벗은 은행나무 속에 빈 까치둥지가 쓸쓸하게 놓여 있다.

  작은 상가 건물에 살고 있는 터라 삼 년 전 이층에 세를 놓았다. 칠십이 넘은 노인 내외가 터를 잡고 사는가 싶었는데 2년이 지난 어느 날부턴가 가출한 아내와 이혼했다며 혼자 사시던 할아버지가 주방 앞에서 쓰러져 뇌일혈로 세상을 떠나셨다. 할아버지가 홀로 숨을 내려놓은 뒤 이틀 후에야 발견하는 안타까움 속에서 관할 경찰의 도움으로 자식들에게 연락할 수밖에 없는 현실은 참담했다. 목젖까지 차오르는 슬픔과 놀라움 속에서 몇 달을 앓았다. 자식 삼 남매를 두고 있다 했지만 3년이 가깝도록 자식들의 인기척은 확인하지 못한 터라 더욱 가슴이 아팠다. 할아버지는 광활한 벌판에 서 있는 벌거벗은 앙상한 겨울나무와 다르지 않았다. 뒤늦게 찾아와 전세 보증금 몇 푼을 나누어 가기 위해 혈안이 되었던 자식들을 바라보면서 근 일 년 가깝게 할아버지가 혼자 사시던 이유를 알 것 같았다.

시간은 한정된 삶으로 인간의 생명을 잡고 있다. 고작 백 년을 사는 나이만큼 백 번의 성찰로도 생명 존재의 진의를 깨우치긴 어려울 듯싶다. 끊어낼 수 없이 반복되는 겨울의 고독, 홀로 빈집을 지키는 노인의 외로움은 겨울 은행나무의 살을 에는 아픔일 것이다. 그러나 천년을 한결같이 봄이면 잎을 피우고 겨울이면 벌거벗음의 고통을 감내하는 용문사의 은행나무도 아직 그 순례를 반복하고 있다. 천 번을 반복하여 비워냄의 이별을 감내하는 나무의 기도는 살을 깎는 고통으로 온다. 해마다 어떤 모양으로 잎을 돋아내고, 어떤 빛깔로 살아내며 자신의 분신들을 떠나보내며, 어떻게 대자연의 공기를 호흡하였는지 나무는 아직도 겨울바람 속에서 벌거벗은 채 기도 중이다.

수확의 기쁨

 거실 유리창을 열면 조롱박과 화초호박, 유자의 붉은 열매가 한눈에 가득히 다가온다. 지난봄 종로 5가에서 사 가지고 온 모종들이 이토록 풍성한 결실을 보인 것이다. 함께 사 가지고 온 모종 중에서 유난히 뿌리 내리기에 늦장을 부린 수세미를 제외하고는 모두 훌륭한 성장을 보였다. 옥상 한쪽에 대나무 아치를 만들고 그들의 줄기를 올려 가을이면 수확의 기쁨을 가슴 가득 안아 온 지 금년 들어 3년이 되었다. 금년은 여느 해와 달리 많은 열매를 달고 있어 얼마나 기쁜지 모른다.
 조롱박은 눈으로는 도저히 셀 수 없어 며칠 뒤에나 한 개씩 따며 세어야 할 것 같다. 허리가 잘록한 모양들이 여간 운치 있는 게 아니다. 깊은 계곡 맑게 솟아오르는 샘물 위에 띄워 놓고 피로에 지친 길손의 마른 목을 촉촉이 축여 주는 조롱바가지가 되었으면 한다. 화초호박은 모두 7개가 건강한 빛으로 익었다. 대나무 바구니에 담아 거실 중앙에 두고 풍요의 가을을 만끽하면서 몇 개는 가까운 이웃의 방문이 있을 때 나누어주리라는 생각이다. 하얀 박꽃이 피던 지난여름 벌 떼들이 유난스레 무리지어 날아와 나는 오늘의 수확을 예감하고 있었다.

  결실이 주는 기쁨은 거두어들이는 수확만은 아닐 것이다. 눈으로 보고 즐기는 것, 혹은 어느 구석 동심의 빛이 풍요롭게 활짝 열리는 순간 같은 것이 아닌지 모르겠다. 아마도 이 같은 기쁨 때문에 농민들은 봄이면 그렇게 열심히 씨앗을 뿌리는 것이 아니겠는가! 마음부터 부풀게 하는 가을의 산과 들을 맞이하기 위하여 그토록 노심초사 편한 잠을 누릴 수 없었나 보다. 알찬 씨앗이나 질 좋은 토양이나 극진한 정성에 따라서 거두어들이는 결실의 차이는 현저하게 나타난다. 지난해 가지 끝마다 다닥다닥 매달렸던 대추 열매가 금년엔 수확량이 반도 되지 않은 듯 빈 가지가 눈에 많이 보인다. 따사로운 햇살이 사힝으로 닿지 못한 때문인가. 질소, 인산, 가리…… 비료가 부족했을까? 아니면 그를 향한 사랑이 식어버린 탓인가? 욕심이 많아서인지 좁은 땅에 감나무, 대추나무, 포도나무, 배나무, 과실수를 심고 있다.

  유독 뿌리를 내리지 못하고 말라 버린 수세미 모종이 자꾸만 안쓰럽게 떠오른다. 삶의 의지를 덮어둔 채 갈피를 잡지 못하다가 끝내 단 한 번의 기상도 펼 수 없게 된 낙오자의 모습처럼 안타깝기 짝이 없다. 가을 정취의 깊은 풍요로움으로 그 향기를 더

제2부 겨울나무의 봄

하는 조롱박의 매달림이나, 불덩이처럼 빨갛게 익은 화초호박을 바라보며 그들이 하나의 열매로 맺은 결실의 의미를 생각한다. 농익어 드러난 유자의 빨간 씨를 손바닥에 받아 들고 다시금 한 포기의 씨앗으로 일어서게 된 내일을 가늠하고 있다. 삶이라는 것. 생명을 잇는다는 것은 단 한 번의 경건한 예식이며 또한 그 예식 속에는 그것을 소유한 자에게 주어지는 귀중한 권리가 있다. 가꾸어 다듬고 일으켜 세워야 하는 의무가 함께 부여된, 그리고 예로써 지켜야 할 소중한 의식이라는 생각이다.

지난밤에는 어미의 태반에서 세상 밖으로 태어난 지 꼭 17시간 만에 숨을 닫아버린 어린 강아지를 지키느라 꼬박 잠을 설쳤다. 분만 예정일을 일주일 앞당겨 조산한 탓으로 강아지는 젖을 빨 수 있는 힘조차 지니지 못한 채 태어났다. 엄마의 젖 대신 우유를 타 먹여 보고 따뜻이 보온도 시키며 부족한 폐활량을 높이기 위하여 마사지도 게을리하지 않았지만, 어느 틈에 그 어린 생명은 체내의 모든 기능의 활동을 중지시키고 부러진 나무토막 같은 무딘 모양으로 변모해 가고 있었다. 미련스럽게도 행여 그가 다시 호흡을 돌이켜보다 생생한 생명의 활기를 찾고 살아날지 모른다는 기대감으로 얼마나 애를 태웠는지 모른다. 이리 만지고 저리 만지다가 싸늘히 식어버린 손바닥 반쪽 크기의 생명의 덩이를 나중에는 가슴속에 품고 깨어나기를 기다렸다. 함께 태어난 다른 두 마리 모두 건강한 모습이지만 유독 녀석의 죽음을 손쓸 수가 없었다.

삶을 이루고 숨을 쉬고 있다는, 생명을 유지하고 있다는 감사로움은 분명한 축복이라 생각되었다. 한창 무더위가 기승을 부리던 여름, 대나무 아치를 타고 올라 꽃을 피우고 열매를 맺기 시작하던 조롱박 넝쿨이 엄지손가락 크기의 열매 몇 개를 땅바닥에 떨어뜨렸다. 그들 어린 열매가 무엇 때문에 좀 더 성장하지 못하고 다시는 되돌아서지 못할 길로 떨어져 내린 것인가를 생각했다. 생후 17시간을 살다간 어린 강아지나 조그마한 조롱박이 성장도 하기 전에 땅에 떨어짐을 돌이키며 충만의 결실이 전해 주는 깊은 의미를 생각한다.

 강아지 새끼의 입을 벌려 먹이를 넣어 주면서 무언가 막힌 구멍이 뚫리거나, 끊어진 선이 이어져 자연스런 행동이 이루어질 것 같은 기대감이 한동안 나를 붙들고 있었다. 허나 생명은 그처럼 수학 공식 같은 공법이 따르거나 자동 스위치의 편리함같이 구성되어 있지 않고 아주 단순하고 간결한 선 하나로 형성되어 찰나의 순간에 기쁨과 슬픔을 냉정하게 세공하고 있다는 것을 새삼 깨달을 수 있었다.

 하나의 씨앗이 봄부터 땅속 깊이 뿌리를 내리고, 가지를 뻗고 열매를 맺기까지 세상 빛이나 바람이나 공기와 대기권의 미물들 모두 나름대로의 힘이 되고 있다. 허나 생명은 소유한 자가 스스로 일으켜 세우는 의지가 없고서는 활기찬 박동을 기대할 수 없게 된다. 어느 사이 뿌리가 뽑히거나 가지가 잘려나가기 쉽고 급기야는 좌절이나 실의에 빠지기 쉬운 것이다. 풍요의 가을을 맞이하면서 내 삶은 과연 얼마만 한 크기의 열매를 맺고 있는지 생각해 본다. 행여 눈도 뜨지 못한 어린 강아지처럼 어미의 젖을 빨지 못하여 쇠잔해 있지는 않은가 생각하고, 연약한 조롱박과 같이 성장도 하기 전에 땅에 떨어져버리는 실수를 저지르지 않고 있을까 생각하고 있다. 반면 나는 가끔 살아 있음에 대한, 존재하고 있음에 대한 감사로운 마음을 지니곤 한다.

인도의 시인이며 사상가인 타고르가 이르듯이 '자기가 존재하고 있다는 이 사실을 생각하면 생각할수록 경탄할 사실이다. 내가 지금 이 세상에 살아 있다! 이 놀라움이 곧 산다는 의미를 가지고 있다. 아침에 눈을 떠서 다시 떠오르는 태양을 보았을 때, 그것은 엄숙한 놀라움이 아닐 수 없다. 하루하루 주어진 생명을 감격으로써 살아가라.' 얼마나 합당한 얘기인가. 뿌리를 땅에 뻗지 못한 수세미 모종도 있었고, 맺힌 열매가 성장도 하기 전에 시들어 떨어지는 모습을 보아 왔다. 참으로 은혜로운 가을 햇살이며, 가을바람이다. 얼마나 경이로운 결실인가! 조롱박, 호박, 유자가 매달린 대나무 아치를 다시 한 번 바라본다.

전지剪枝

정원사가 하는 일은 나무의 가지를 치는 일이다. 나무의 모양을 아름답게 하기 위함이고, 분수없이 웃자람을 막는 일이며, 좋은 결실을 위해 곁가지를 자르기도 한다. 나무는 정원사의 가위 끝으로 새로운 모습을 찾는 반면, 가지가 잘리는 고통을 함께한다. 학생의 옳지 못한 일을 체벌하는 스승처럼 기위에 힘을 주어 나무를 자른다. 전지가 된 나무의 모양은 한결 아름답다. 정원사의 의지에 따라 둥글게 혹은 길게 다듬어진 나무는, 이제 막 이용理容을 마친 사람처럼 깔끔한 모습이 되기도 한다. 조각가의 손끝으로 빚어낸 비너스를 감상하듯, 정원사는 새로운 모습 찾기의 희열을 맛보게 된다. 무엇인가를 잘라내고 다듬어낸다는 의미는, 새로운 모습 속에 생명력을 불어넣는 창조의 작업이기도 하다.

작은 것이 단단하듯, 키를 키우지 않는 나무가 역시 단단하다.

그러나 성장의 욕심을 일순간에 끊어내기가 쉬운 것은 아니다. 나무는 가지 끝마다 성장의 욕심을 보인다. 이쪽으로 기웃거리며 저쪽으로 고개를 들어 보인다. 하늘을 올려다보고 바람도 쏘이려 함이다. 때로는 푸른 하늘에 해가 기울고 먹구름과 비바람이 몰아쳐도 내민 고개를 좀처럼 접으려 하지 않는다. 꿋꿋이 일어서며 불쑥불쑥 고개를 치켜세우고 별과 달빛을 맞을 꿈을 꾸는 것이다.

어떤 아름다움이든 아름다움의 완성 뒤에는 고통의 흔적이 있다. 전지剪枝하고 난 뒤의 나무 둘레에는 가지 끝에서 잘려져 나간 많은 생명의 아픔과 만나게 된다. 아름다움은 가장 높은 희생으로 빚는 예술 작품일까. 정원사는 잘려져 생명을 잃는 고통은 모르는 채, 자름으로 얻는 기쁨을 앞세운다. 굵은 가지이든 가는 가지이든 불필요한 가지를 잘라내느라 땀을 흘린다. 포도나무 가지에 매달린 아기 포도알이 정원사의 가위에 의해서 땅에 떨어지고, 손가락 마디 크기로 자란 아기 감도 성장의 기회를 빼앗기게 된다.

분수 없는 욕망을 키운다는 자성自省에 빠질 때는, 정원사의 가위를 떠올린다. 그의 가위를 가져다 가끔씩 내 나이를 잊게 하는 허황된 욕심과 나의 환경에 익숙하여 틀을 깨지 못하는 고정관념이며, 냉철한 사고를 거치지 않고 무작정 키를 세우는 이상理想이며, 옳고 그른 사고를 주지시키는 내 존재의 배경에 대고 힘을 주어 잘라내야 한다는 생각을 하게 된다. 새로운 모습 찾기에 보내는 갈망일까. 정원사의 가위가 닿기 전 멋대로 자란 나무의 모습에서, 정원사의 가위질 이후 상큼한 모습의 나무에 보내는 애정이다.

나무는 정원사에게 자신의 몸을 맡기며 견디기 어려운 고통을 전신으로 느낀다. 손톱 끝을 잘리어 전신에 감기는 고통만큼 가지가 잘리는 아픔을 함께 나눈다. 손가락 마디마디를 도려내는 고통과 아픔은 오래 지키던 소중한 인연 끊기와 다르지 않다. 필요 없는 인연은 없다. 필요 없이 키를 키우는 생명은 없다. 필요 없는 사물은 필요 없는 사물에 대한 희생물일 뿐이다. 생명의 힘으로 뻗어난 나뭇가지를 굳이 잘라야 할 필요가 있을까 싶지만, 자연 보호 운동에 반하여 자연은 잘리고 허물어져 물질문명의 발달을 이루기에 한몫하기도 한다. 문득 '나무에 가위질을 하는 것은, 나무를 사랑하기 때문이다.' 라는 가르침을 떠올리게 된다.

사람의 가슴에 키우는 나무는, 덜 생긴 모양을 다듬어 주거나 분수없이 웃자란 욕심을 잘라내며, 내일의 든실한 결실을 위해 가지를 쳐주는 정원사가 없다. 가만히 서 있어도 달려와 가위를 드는 정원사는 보이지 않는다. 사람의 나무는 제 안에 굳건한 의지를 일으켜 가위질을 할 정원사를 고용하지 못한다. 사람의 가슴속에 들어와 선뜻 가지를 다듬어 줄 정원사는 없다. 사람의 나무는 오직 제 스스로 제 몸을 자르는 아픔과, 잘리어 나가는 아픔을 동시에 받아들여야 한다.

직시直視와 암색暗索

　내가 살고 있는 곳은 일반주택도 아니고 아파트도 아니다. 아래층에 점포 하나가 있는 까닭에 상가주택이라 불리어지고 있다. 이곳 상가주택 3층에서 생활하며 하루에도 몇 번씩 층계를 오르고 내린다. 근 10년 가까이 훈련되어선지 3층 계단 정도는 평지와 다름없는 안목으로 적응하는 편이다. 오늘도 간편한 외출 준비를 하고 현관을 나섰다. 현관문을 닫아 놓고 웬일일까 눈을 감았다. 첫 번째의 계단 앞에서 눈을 감고 서 있었다. 그리고 계단 밑으로 걸음을 옮겨보았다.
　보이는 것 하나 없이 어둠의 세계가 눈 속에 펼쳐졌다. 칠흑의 장막이 곧바로 다가왔다. 자신 있게 발을 디딜 수가 없었다. 몸의 균형이 잡히지 않았다. 몸의 중심을 계단 옆 손잡이에 의지하고 계속 밑으로 내려갔다. 2층이며 1층 가까이 접근했으리라는 예측

이외의 사물의 거리 측정이 정확히 감지되지 않았다. 하지만 눈을 떴을 때의 기억을 일깨워 감각만으로 계속 층계를 내려가 보았다. 평상시 유연하게 뛰어오르기도 하고 뛰어내리기도 하던 층계는 계단의 수를 셈하는 것과는 관계없이 2층의 계단 어느 한 지점에 서서, 1층의 계단 어느 한 지점에 서서 현재의 위치를 재확인하고서야 앞으로 나아갈 수 있었다. 사물이 눈에 보이지 않을 때는 그 어떤 예리한 감각도 물체의 성질을 완벽하게 파악하기 어렵고 공간과 공간 사이의 거리 측정도 정확하지 않았다.

눈을 감고부터는 딴 세상이었다. 명확히 감을 잡기 어려웠다. 머릿속에서는 이쯤인가 싶은데 아직 미치지 못하고, 더 내려가야지 싶으면 벌써 목적한 지점에 닿아서 오른쪽 발을 들고 헛발질을 하게 된다. 계단 아랫부분쯤에서 발밑에 밟히는 물체가 있어서 눈을 뜨지 않고 손으로 그것의 실체를 알아내기 위해 한참을 손가락 끝에 대고 감지해 보았다. 10센티미터가량의 높이 끝에 뚜껑이 붙어 있고 지름이 3센티미터쯤 됨 직한 원동형의 비닐병 모양이었다. 무엇인가 내용물이 담겨진 듯싶어 물체를 흔들어 보았더니 걸쭉한 액체의 움직임이 느껴졌다.

자신 있게 그 내용 액이 무엇인지 알아내기가 쉽지 않았다. 막연히 이것일까 저것일까 예측하기만 할 뿐 단정지어지질 않았다. 눈을 뜨고 물질을 확인하고 싶은 충동이 순간순간 솟아났다. 끝내 시원스레 가늠하지 못하는 예측에 대한 궁여지책으로 눈을 뜨고서야 물체의 진실한 모습을 확인했다. 어떤 사물이 눈에 보일 때와 눈에 보이지 않을 때의 변화는 매우 다양하다. 사물이 눈에 보일 때는 보이는 그대로의 형상을 감각해내고 나아가그 형상 속의 본성이랄 수 있는 진실된 내면까지도 꿰뚫는 심안을 발휘하게 되지만, 사물이 눈에 보이지 않을 때는 어설픈 감각을 앞세워 실체를 이리저리 가늠하다가 사물의 성질을 통찰하지 못하고 물체의 근본까지 오인하는 사례가 적지 않다.

  세상에 펼쳐진, 겉으로 드러난 모든 사물은 시각자로 하여금 보이는 그대로 감각되어지지만 그 감각의 판단 기준은 바라보는 이의 사고 판단과 지식 수준과 경험에 따라 조금씩 각도를 달리한다는 사실이다. 사물을 직시하려는 사물에 대한 비평의 시각이 조금씩 차이가 있는 것이다. 대부분은 동그란 물체 하나가 사실 그대로 동그랗게 직감되어 나타나지만 경우에 따라서는 삼각형 사각형으로 모양이 둔갑되어 시야에 닿게 된다. 그 같은 오인의 원인은 사물에 보내는 비도덕적이거나 비양심적인 안목을 포함한 사실의 진실성을 저해하는 은밀한 암시가 시야를 가리는 탓이다. 사물은 명료하게 표면에 드러난 물체일지라도 내면까지 꿰뚫는 명쾌한 안목이 포함되고서야 올바른 판단을 제시할 수가 있다.

  어둠 속에서는 평상시 잘 아는 길도 갈팡질팡 확실한 방향을 찾지 못하고 이리저리 헤매게 된다. 눈을 감으면 세상은 한 줌의 어둠 속으로 그 광활한 높이와 깊이와 넓이까지 감추며 두 개의 눈동자 속 시력 안으로 침전하며 빠져들고 있다. 어느 하나의 직시도 허용되지 않는 확실성을 보장하지 못하는 예감과 예시의 눈으로 어렴풋이 존재하는 것이다. 어느 것에서나 자신감을 세우지 못하고 끊임없는 탐색의 세계를 시도하지 않을 수 없다. 때문에 눈에 보이지 않는 사물은 함부로 진위를 가리지 못한다. 감았던 눈을 떴을 때 비로소 자신의 안목에 비추인 크기일지라도 사물을 직시할 수가 있기 때문이다.

  한눈에 비추어진 작은 돌멩이 하나도 단숨에 보이는 부분과 단숨에 보이지 않는 부분이 있다. 사람의 눈으로 명확하게 직시하였다 자신할 수 있는 사물은 얼마나 될까. 하나의 태양에서 비추어내는 햇살도 동녘 하늘에 떠오른 일출과 중천에 떠 있는 정오의 태양이 그 빛을 달리하고 서녘 하늘의 일몰의 빛이 밝기가 다르다. 마음속의 생각을 겉으로 다 표현하지 않는 사람들의 진실은 쉽게 보이지 않는다. 눈에 보이는 듯하지만 보이지 않고, 눈에 보이지 않는 부분에 대하여 쉽게 예측하여 단정짓기 어렵다. 가끔씩 사물의 보이지 않는 부분에 대한 세심한 안목이 우선되어야 한다고 생각할 때가 있다. 보이는 것은 보이지 않는 부분을 감추어 버리는 향기로운 아름다움이 있기 때문이다. 눈을 떴을 때도 보이지 않는 부분이 있고, 눈을 감았을 때도 보이는 부분이 있다.

동질同質

 책상 위에는 근간에 도착한 우편물과 필통, 클립 통, 작은 탁상용 시계가 제 위치를 찾아 놓여 있고, 그들 사이로 두 개의 손목시계가 책상 위 이쪽 저쪽에 간격을 두고 자리 잡고 있다. 손목시계 두 개 중 하나는 비교적 책상이 안고 있는 넓이의 중심을 벗어나 밀쳐진 공간 한귀퉁이에 자리를 잡고 남은 하나는 언제나 손쉽게 내 시선 가까운 곳에, 그리고 손닿기 쉬운 곳에 자리하고 있다.

 사물의 위치를 손닿기 쉬운 곳과 손닿기 먼 곳이라 인식해 두어야 할 만큼 내 책상이 지니고 있는 면적이 방대한 크기는 아니지만 나는 책상 위에 놓인 물건들을 굳이 '손쉽게'와 '손쉽지 않게'로 구분하고 있다. 그들 중 손쉬운 것 하나의 시침과 분침은 매 시각을 활기차게 활동하고 있다. 반면 손쉽지 않은 하나의 시침과 분침은 몇 달이 지나도록 작은 미동도 보이지 않는다. 생명의 숨이 멈춘 뒤의 정적과 활달한 생명의 발동이 뚜렷한 음양의 조화를, 나는 내 책상 위에서 동시에 바라본다.

한쪽은 20년 전 비교적 값비싼 대금을 치르고 구입한 것이다. 견고한 시계는 많은 세월이 흘러도 쉽게 고장이 나지 않는 법이라는 남편의 권유에 따라 제법 부담스럽게 장만했었다. 1차 세계대전 당시, 전사한 병사의 손목에서 주인의 생사와는 무관하게 흐르는 세월을 어김없이 짚고 있었다는 스위스 R제품의 손목시계다. 수십 년이 지나도록 정확한 시각을 가리키며 생명을 잇고 있었다는 불멸의 전설처럼, R시계는 겉모양뿐 아니라 성능까지 변함없이 20년 동안을 내 손목에서 정확한 수치로 시각을 가리켜 주었다.

어찌된 일일까? 몇 달 전 일이었다. 갑자기 초침이며 분침, 시침 모두가 꿈쩍도 않고 제 갈길을 멈춰 섰다. 시계는 분명 어느 부분인가 고장을 일으킨 게 확실했다. 한번도 까탈 부림 없이 명확하게 시각을 밝힌다 하여 시원스레 소제 한 번 시켜주지 않았던 게 탈이 된 모양이었다. 생명의 박동이 끊어진 시계를 이리저리 흔들어 보았지만 깊이 잠들어 버린 맥박은 깨어날 기미를 보이지 않았다. 숨이 멎은 생명을 바라보듯 몇 달이 지나도록 깊은 잠에 취한 시계를 책상 위에 얹어 놓고 그의 침묵을 수시로 확인하고 있다. 생명의 박동이 멈춘 생명체는 고요하다. 소리가 없다.

미세한 숨소리도 감지할 수 없는 잠든 손목시계 옆에서 여봐란 듯이 '째깍! 째깍!'이며 늘 깨어 있는 생명의 발걸음은 활기가 넘친다. 활기차게 살아 있는 시계는 종말의 세상 이전까지 지치거나 걸음을 중단하지 않고 시간 시간의 시각을 알릴 것이다. 목적하는 지점이 존재하지 않을 시간을 시계는 묵묵히 지나치며 현재의 시각에 충실할 것이다. 시계는 째깍이는 매순간을 알려 주기 위하여 존재한다. 현재의 순간에 최선을 다하여 내일을 만들고 미래를 기약하려 한다. 불성실한 현실 속에서 내일을 꿈꾸는 일은 슬픔인지 모른다. 성취할 수 있을까, 실패하지 않을까를 조바심하게 된다.

 매일을 조바심 속에 사는 나날은 괴로움이다. 그러나 시각 시각에 충실한 시계의 초침과 분침과 시침을 바라보면 언제나 박진감 넘치는 생명의 박동을 감지할 수가 있다. 일 분 일 초에 충실하여 한 시간을, 한 달을 일 년을 전진하며 후퇴할 줄 모르는 부단한 시간의 발걸음 소리를 듣는다. 활화산 같은 생명의 힘을 느낀다. 먼 곳을 내다보지 않은 발걸음, 일 분 일 초의 미래도 내다보지 않는 시각은 완전한 현재를 통하여 10년을 살고 100년을 산다.

 생명의 박동이 뚜렷한 생명체는 삶이며, 생명의 박동이 멈춘 생명체는 죽음이다. 그러나 누구도 부인할 수 없는 명료한 이 사실 앞에서 삶과 죽음은 손바닥의 앞과 뒤처럼 아득한 거리가 아니다. 눈 깜짝할 사이에 삶은 죽음이 되고 죽음은 삶이 된다. 막그물에 잡혀 팔딱이던 물고기의 생명이 금방 뛰어오름을 내려놓고 곧이어 죽은 생명이 되듯이, 죽은 물고기의 영혼은 다시 환생이라는 이름을 빌려 꽃이며 나비 풀벌레가 된다고 한다. 새로운 이름의 생명줄을 잡고 세상에 일어서는 것이다. 그리고 그렇게 피어난 꽃과 나비의 생명도 언젠가는 땅 위에 소유했던 생명을 내려놓지 않을 수 없다.

본디 하나인 것이 음이 되었다, 양이 되었다 모습이 바뀔 때면 그토록 격동하다가 미동도 보이지 않는다. 미동을 보이지 않다가 격동하게 된다. 내 책상 위에는 죽은 시계와 산 시계가 놓여 있다. 걸음을 멈춘 생명과 활기찬 걸음을 걷는 생명이 있다. 내 책상 위에 있는 두 개의 시계는 내 손의 안과 밖에서 존재한다.

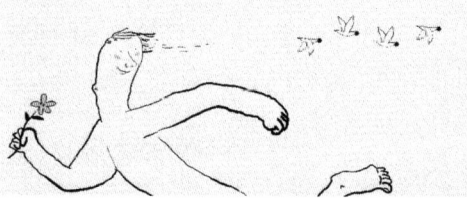

시간의 유혹

3

욕망
욕심
시간의 유혹
생명의 신비를 위하여
불행을 딛고 일어서면
그대가 그곳에 서 있기에
목욕탕집 할머니

욕망

 산자락에 서면 산에 오른다. 산의 정상을 향해 오를 때마다 느끼는 일이지만 산의 발끝에서부터 완만한 등성이를 오르기 시작하면 머지않아 가파른 암벽과 마주서게 되리라는 예감을 한다. 그렇게 가파른 언덕에 닿으면 미리부터 불안해하는 나는 노련한 리더의 지시에 따라 어설프게 자일 끝에 몸을 맡긴다. 그러나 산짐승처럼 유연하게 산을 타는 산사람들 틈에 끼여 뒤를 따르는 초심자인 내 시각은 보다 평탄하고 안전한 길은 달리 없을까 생각하게 된다. 사방을 두리번거리며 길 찾기를 한다.
 산의 정상은 여러 갈래의 길 끝에 맞닿는 곳이다. 산자락에서부터 좌측과 우측, 앞과 뒤 사이 잘 닦여진 순환로나 숲 속 지름길들이 거미줄처럼 정상과 잇게 되는 것이다. 그러나 그 모든 길들의 어느 곳은 편편하다가 어느 곳은 극도로 경사를 이루는 게 대부분이다. 완만한 그대로 정상에 오를 수는 없다. 때문에 산 오름은 혼신의 힘까지 요구한다. 온몸으로 산을 오르게 한다. 온몸을 다하여 산을 오르다 보면 전신에 땀이 솟는다. 한여름뿐 아니라 한겨울에도 등줄기를 타고 흐른다. 사람들이 산의 등을 타고 오르지만 오르는 사람의 등에서 쉴새없이 흐르는 것이다. 땀방울의 크기는 한 걸음 한 걸음 정상을 향해 다가서는 최선의 노력만큼에 비례한다. 높은 산이든 낮은 산이든 산을 오르는 사람이면 누구나 정상에 닿으려는 욕망으로 땀을 흘리지 않을 수 없다.

사람의 가슴속에 흐르는 욕망이라는 강은 쉬임없이 영혼의 문고리를 흔들며 때로는 포효하는 들짐승처럼 때로는 미풍에 흔들리는 버들가지처럼 물결을 이루며 흐르고 있다. 파안대소를 하다가도 문득 침묵하며 강물 속에 잠겨서 꿈을 꾸는 것이다. 내일은 무엇을 해야겠다, 모레는 또 다른 그 무엇을 해야 한다는 그림을 쉬임없이 그려댄다. 산 오름은 욕망의 끈을 잡고 망설이다가 전진하는 삶의 태도와 같은 것이다. 땀을 흘리다기 포기해 버릴까, 포기해 버리고 애초의 시발점으로 뒤돌아가 편안히 안주해 버릴까 망설이는 한편, 한 걸음 더 앞으로 전진하면 소기의 목표에 도달하리라는 희망을 버리지 못함과 같다. 한 걸음 발 디뎌 놓고 손만 뻗으면 정상에 닿을 것이라는 믿음을 지닌다.

생명이 있는 모든 피조물은 나름대로의 꿈을 안고 산다. 그 꿈을 성취하려는 욕망으로 숨을 쉬고 있다. 깊은 산속의 소나무와 상수리나무 그리고 단 열매를 잎새 위에 품고 있는 산딸기며 머루, 달래와 키 작은 버섯들, 모두 침묵하며 생명을 키우는 꿈으로 산다. 가지와 잎 사이로 혹은 줄기와 뿌리 사이로 저마다 욕망의 힘을 생명의 끝에 분출하며 살아가고 있다. 생명이 지니고 있는 능력을 갈고 닦아 각기 가지가 되고 잎이 되고 꽃이 되고 열매가 된다. 그 모두 제 모습으로 꽃을 피우려는 욕망일 수 있으며 또한 꽃 속 깊이 열매를 달고 그 열매 속의 새 생명을 번식시키기 위한 종족 본능의 욕망일 수 있다. 산골짜기를 지키며 서 있는 한 그루의 밤나무도 오는 가을 튼실한 열매를 매달기 위한 수확의 욕망으로 가지 가득 살을 가르고 향기를 뿌리며 꽃을 피우는 것이다.

  욕망은 자아실현을 위한 극한의 노력으로 이룩된다. 그 극한의 노력으로 이룩할 첫 번째 욕망의 성취 목적은 자아 만족의 기쁨이다. 두 번째는 내 이웃에 보낼 수 있는 기쁨의 표현이며, 나아가 궁극적인 성취 목적은 무엇에 대한 무엇을 앎으로 얻는 영광일 것이다. 산의 정상에 서면 온 세상은 발아래 눕고 그곳에서 시시각각으로 형성되는 기쁨이며 행복, 슬픔이며 불행까지 가슴에 수용할 수 있는 너그러움에 도달하게 된다. 최상의 욕망이 성취되기까지 욕망은 끊임없이 물살을 가르며 용솟음치는 강물처럼 숱한 낮과 밤을 뒤척이면서 외로이 자신의 모습을 깎는 석공이 된다.

  바다에 닿기 위해 끊임없이 뒤척이는 강물처럼 삶의 모든 길은 쉬지 않고 꾸는 꿈속에 있다. 87세의 일생 길, 평생을 가난하고 불쌍한 사람을 위해 헌신적으로 살다가 며칠 전 세상을 떠난 테레사 수녀도 자신을 위한 욕망은 버렸지만 전 인류의 굶주림과 버림받은 이들을 위해 봉사하는 욕망의 삶을 살았다. 테레사 수녀의 정상 정복의 욕망은 세상에 사는 모든 사람들이 모두 평화롭기를 빌며 단 한 사람이라도 굶주리거나 버림받는 이가 없게 하는 것이었다. 정상을 향한 산 오름의 길이 여러 갈래이듯 다양한 삶의 방법 속에서 사람들은 욕망을 채우려 한다. 각기 다른 모습처럼 세상은 각기 다른 욕망이 이룩해 놓은 바다이고 산의 모습이다.

욕심

 욕망은 무엇을 하거나 무엇을 가지고 싶어 간절히 바라고 원하는 것이다. 그러나 욕심은 무엇을 지나치게 탐내거나 누리고 싶어하는 마음을 말한다. 욕망이나 욕심은 어찌 보면 똑같은 마음의 움직임이라 말할 수 있으나 두 마음을 냉정히 비교해 보면 분명한 차이를 느낄 수 있다. 욕망은 이상 속에서 현실로 꽃피우고 욕심은 현실 속에서 현실 가까이 취할 수 있는 것이다.

 아름다운 사물 앞에서 한참을 넋을 잃고 바라보다가 불현듯 내 것이었으면 하고 탐내는 마음이 욕심이다. 남보다 더 많은 능력을 지니지도 못했으면서 마치 나 자신이 아니면 이룰 수 없을 것 같이 앞장서 나서는 일도 욕심이 아닌가 싶다. 좋은 것을 탐내고 누리고 싶어한다. 그러나 그렇게 사람마다의 가슴속에 꿈틀거리는 욕심, 끝없이 손에 쥐고 싶은 갈망도 사람에 따라서는 정도껏 취하고 정도껏 버릴 줄 안다. 하나를 지니면 둘을 갖고 싶은 마음이 욕심인 까닭에 이성理性의 힘을 빌려 취하고 버린다.

따지고 보면 세상의 모든 욕심은 평생 동안 부질없이 손에 쥐었다 놓는 허욕일 테지만 매사에 분별없이 일어서는 욕심은 주변 사람들마저 의식하지 않는 만용을 부릴 때가 있다. 욕심은 자칫 허황된 욕심을 낳아 다른 사람의 가슴에 상처를 입히는 무례를 범하기도 한다. 많은 사람들 속에 내가 존재하는 게 아니라 내 가운데에 이웃이 있고 사회를 느끼는 이기적인 사고를 펼치기 쉽다. 욕심은 어떤 일에 대한 창조적 능력이나 진보적 삶을 개척해 나가는 지름길이 되기도 한다.

모든 일이 욕심을 보이지 않고는 발전해 나갈 수 없다. 같은 일이라도 욕심을 부려 어떻게 하면 보다 효과적인 성과를 이룩할 수 있을까 연구하고 실천해 나가는 과정에서 일은 빛이 나게 되지만, 우유부단한 성격으로 극도의 안일한 사고 속에 몰입하여 해도 그만 안 해도 그만이라는 나태를 보이게 될 때는 최소한의 성과도 얻기 힘겹다. 때문에 욕심을 부릴 때에는 일의 경중을 헤아릴 밝은 안목이 필요한 것일 게다.

얼마 전 뒤늦은 학교 공부를 시작하게 되었다. 이는 필경 부질없는 욕심의 소산일지 모른다. 그러나 나는 무언가를 간절히 원하고 바라던 가운데 목표를 달성하기 위한 배움의 발걸음을 시작하였다. 첫걸음을 딛기 위한 망설임은 매우 컸다. 매사는 적절한 시기를 맞추어야 성과를 거둘 수 있는 일일 뿐더러 일정한 기간의 노력 없이 이룩할 수 없는 때문이었다. 열심히 노력하겠다는 비장한 결심으로 새로운 걸음은 시작되었다. 젊고 유능한 학생들 속에 비교적 많은 나이임에도 불구하고 내 나이를 잃을 만큼 나는 새로운 사람들과의 만남을 소중히 조심스럽게 받아들였다. 조금은 설레는 마음으로 울창한 숲과 숲 사이에서 개최된 신입생 오리엔테이션에도 참가했다. 아직도 내 삶 속 욕망의 덩이는 식지 않는다는 몸짓으로 나는 자못 씩씩하기만 했다.

  욕망, 혹은 욕심은 어쩌면 생명이 존재하는 날까지 생명을 안고 있는 사람의 가슴속에서 벗어날 수 없을지 모른다. 적어도 불심을 키우는 수도승이나 그리스도의 사랑을 전하는 사제들의 영혼을 닮지 못한다면 평생을 욕심과 욕망의 굴레에서 헤어날 수 없을 것이다. 가능한 내 주변에 나의 욕심으로 인한 피해가 없는 쪽에서 그들을 조심스럽게 가까이해 왔다. 부질없다 하면서도 보다 나은 내일이라는 기대를 세워 놓고 황망히 뛰어다녔던 것이다. 바삐 뛰어다닌 만큼은 내 종아리와 발목에 힘이 가해졌을 듯싶다. 그러나 어느 순간은 그들이 나의 종아리를 걸어 놓고 마구 채찍질을 했다. '지금 그대로 편안히 안주해!' '발버둥쳐서 하나 더 얻으면 무엇해!' '바보처럼 땀 흘리지 마!' 하면서 욕심은 자존심이 아니라는 것을 일깨워 주기도 했었다.

  나이가 들면 욕심도 줄어든다고 한다. 일에 대한 자신을 잃어서일 수 있으나 세상 모든 삶에 대한 관조의 깊이가 깊어져 섣불리 손에 움켜쥐고픈 욕심이 없어진다는 것이다. 남이 가진 것에 대한 탐욕으로 가슴을 앓는다거나 남과 같이 지니지 못하여 기어코 빼앗는 일보다 상대가 편한 대로 원하는 대로 양보하거나 관망하게 된다고 한다. 어쩌면 그것은 자신에 대한 자신감일지 모른다. '그래! 괜찮아!' 하면서 여유롭게 마음의 평화를 찾는 일인지 모른다. 일에 대한 욕심, 사물에 대한 물욕, 성취되지 않는 허욕에 빠져 겸손을 잃는 일은 없어야 하지만 나는 간간이 버리지 못하는 욕망과 욕심 속에서 살아가고 있다. 아직도 내 모습이 보다 아름다울 수 있을지 모른다는 기대 속에서 꿈꾸는 까닭일까.

시간의 유혹

　시간은 사람의 몸 안에서 흐른다. 사람의 움직임에 따라 예측할 수 없는 모습의 결과를 예비한다. 한 치 앞도 내다볼 수 없는 미래를 손에 쥐고, 변장술이 뛰어난 마술사처럼 시시각각 모습을 바꾸어 카메라가 피사체를 찍어내듯 거짓 없는 현재를 담아내고 있다. 예측불허의 낯선 모습을 예비한 시간, 그러나 노력하는 사람에게는 흘린 땀만큼의 대가를 소비한 시간의 표피 위의 결실의 양으로 보답해 보여준다. 때문에 같은 시간이라도 분초를 나누어 가치 있는 일에 활용하는 사람과, 흐르는 시간이 물거품처럼 흩어지는 허망함도 의식하지 못한 채 외면해 버리는 사람이 딛고 있는 시간의 의미는 마냥 다르다.
　어느 한순간도 시간이 담고 있는 모든 존재의 현상들을 직시하지 않을 수 없다. 삶의 일각에 보여지는 모든 형상들은 시간이

어떻게 자르고, 어떻게 활용하여 남긴 결과이기 때문이다. 시간은 누구에게나 평등하게 주어진 재산이라고 한다. 때문에 이 자본금을 효율적으로 이용한 사람은 성공에 이를 수 있다는 것이다. 성공에 이른 사람이 근면하게 활용한 시간의 크기는 귀감의 본이 되는 역사이다. 역사는 한순간 순간이 그려 놓은 얼굴이며, 수많은 일 분 일 초의 땀으로 조각하여 이룩한 결과이다. 눈감고 버려둔 시간은 아름다운 현재를 꽃피우지 못하고 찬란한 미래도 보장하지 못한다. 뒤를 돌아볼 줄 모르는 시간은 돌이킬 수 없는 강물 같아서 손에 쥐고 다듬지 않으면 언제 빠져나갈지 모르는 바람이다. 손에 쥐었을 때만이 그 실체를 잡을 수 있고 그 속에 내장된 무궁한 광맥의 크기를 들여다볼 수 있다. 시간은 한 번 놓치고 나면 후회해도 잡을 수 없는 구름이다.

오늘 내가 헛되이 보낸 이 시간은 바로 어제 생명을 잃은 사람이 그토록 손에 쥐고 놓지 않으려 했던 귀중한 시간이었다는 점을 생각한다면 지금 내게 머물고 있는 이 시간을 함부로 지나칠 순 없는 일이다. 세상이 다 아는 세계적인 재벌의 총수가 자신의 생명을 단 한 달이라도 연장시켜 줄 수 있다면 재산의 반을 내어주겠다는 생명 연장의 욕심을 부렸다고 한다. 단 한 시간이라도 단 하루라도 혹은 한 달이라도 시간이 얼마나 소중한 것인지를 단적으로 보여주는 예가 아닐 수 없다. 그러나 시간은 이따금 안이한 삶의 유혹으로 내일의 발전을 가로막고 있다. 매사가 귀찮고 의미가 없거나 아니면 방탕한 일에 발목을 잡혀 헤어나지 못할 때가 있다. 하루 24시간을 효율적으로 설계하여 빈틈없이 실천해 나간다면 시간이 사람에게 부여한 절대한의 보람이거나 행복, 기쁨의 선물을 가슴에 안을 수 있다. 진정으로 삶이 얼마나 아름다운 것인가를 전신으로 느끼게 한다. 시간은 가치 있게 사용할 줄 아는 사람에겐 기쁨이 되지만, 사용할 줄 모르는 사람에겐 슬픔이 된다.

자정이 넘은 시간의 칠흑의 밤하늘에 별 하나가 여름 창문 밖에서 반짝이고 있다. 세상 살다 간 어떤 삶의 흔적이 제 몸으로 비교할 수 없는 어둠의 크기를 허물며 빛을 뿌리고 있다. 별이 물고 있는 빛의 크기 안에는 어떤 성인 한 사람이 시간을 닦으며 뽑아 놓은 시간의 재가 가는 은사로 감겨 있는 듯하다. 한 겹 두 겹 은사는 광맥光脈이 되어 세상을 비춰내고- 다시 그 별빛 위에 매 순간 새 옷을 입는 시간들이 흘러가고 있다. 낮의 삶이 허물을 벗어놓은 흔적을 쓸어 모으는 미화원 아저씨의 비질 소리가 쓱싹쓱싹 흥부의 박 타는 톱질인 양 밤의 적막을 가른다. 이따금 성급히 도로를 질주하는 차량의 소음이 장단을 맞추듯 스쳐갈 뿐, 밤은 잠의 허울을 쓰고 적막의 시간을 고요히 흘려보내고 있다. 활기찬 젊음의 시간을 깨우기 위하여….

생명의 신비를 위하여

 겨우내 마른 나뭇가지 표피를 뚫고 파릇한 움이 돋아나고 있다. 맑고 깨끗한 새 생명의 눈뜸이다. 경이로운 모습으로 하늘을 향해 발돋움하며 일어서는 생명의 탄생은 아름답다. 그리고 생명은 탄생의 시작으로부터 그가 지닌 모습을 조금씩 구체적으로 세상에 드러낼 때 더욱 신비스럽다. 순하고 부드럽게 천진하고 귀엽게 눈을 뜨고 있으면 그들의 존재에 대한 경이로움에 빠진다. 생명은 하찮은 풀포기 하나일지라도 제 모습을 키워나간다. 새는 새의 모습으로 나무는 나무의 모습으로 제 모습 갖추기를 한다. 그가 지닌 유전인자의 성질에 따라 은행나무가 되고 소나무가 되고 오동나무가 되며 참새가 되고 꾀꼬리가 된다.

 오랜 세월 본디의 모습을 지키려는 생명체의 유전인자는 소나무의 가지에 은행잎이 돋아남을 거부하고 은행나무의 가지에 솔

잎이 돋아날 수 있는 인공적 유전자 변이를 허용하지 않으려 한다. 모든 생명은 제각기 독특한 본디의 모습을 지키려 할 것이다. 사람이 소나 말이 될 수 없고 쥐가 사람이 될 수 없는 준엄한 유전인자의 법칙 속에서 삶의 질서는 형성되기 때문이다. 생물의 성질은 인위적으로 변화시킬 수 있을지 모른다. 그러나 식물은 식물대로 동물은 동물대로 범 우주 안에 생성하는 만물은 창조주의 섭리 속에서 질서를 지키며 자기다움의 삶을 살아가야 한다.

세상에 존재하는 만물의 형태를 보면 천태만상이다. 그렇게 수를 꼽을 수 없는 많은 종류의 형상들 속에는 생명을 지닌 것과 생명을 지니지 못한 것들로 나뉘지만 그중 매 순간 지구의 빛을 달리하고, 모습을 바꾸어 놓는 다양한 종류의 생명체들은 각기 자신의 공간 속에서 호흡을 잇고 있다. 식물, 동물, 미생물까지 서로 다른 외형과 삶의 방법으로 우주 공간에 존재의 의미를 남기는 것이다. 어떤 생물체든지 각기 그들 종족 일족의 삶의 방법에 질서를 지키는 모습을 보면 신기하기만 하다. 침범할 수 없는 규율 속에서 동족 보존의 삶을 지키는 생명들- 날짐승은 하늘을 날며 살아가고, 들짐승은 들에서 제 영역을 지키며 알을 낳고 새끼를 분만한다.

어떤 생물은 하루를 평생으로 살고 어떤 생물은 몇천 년을 평생으로 살지만 그들은 어느 일부분 변함없는 제 모습 갖기를 기대할 것이다. 단 하루를 산다는 하루살이의 삶은 하루 24시간이 고작이지만 그들은 인간이 느끼고 가늠하는 평생의 삶 삼만 육천

오백 일(백 년으로 삼아)이 안고 있는 시간의 개념은 느끼지 못한다. 하루살이가 느끼는 하루와 인간이 느끼는 삼만 육천오백 일은 분명 똑같은 평생이다. 그러나 두 생물체의 평생은 두 생물체가 지닌 근원적 생체구조가 다른 만큼 삶의 형태도 엄격한 차이를 보이는 것이다. 동물과 식물 곤충에 이르기까지 서로 다른 성질의 생물들은 자신들의 독특한 특성을 자랑하며 지켜나간다.

생명은 생물을 유지하는 핵이다. 한 생물의 핵은 고유하게 지켜진 유전인자로부터 존재하며 그렇게 지켜진 유전인자는 그 생물의 성질을 뚜렷이 드러낼 수가 있다. 생명의 고유한 성질은 생명의 가치를 높이는 가장 근원적인 양식이다. 얼마 전 의학계에 논란이 되었던 '쥐 아기' 탄생에 대한 대부분의 사람들 반응은 그다지 긍정적이지 못했다. 유전자 공학을 활용한 생명체의 탄생은 인간 복지 증진에 유용한 도구는 될 수 있지만 인간의 생명은 결코 인위적으로 조작되어서는 안 된다는 이유에서다.

인위적인 인공 수정 행위는 인간의 존엄성을 침해하는 행위이며 유전자 변이 등의 부작용을 예견하면서 실험 지속은 용납되어서는 안 된다는 주장이었다. 이와 같은 견지에서 불임 남성의 정자를 쥐의 정소精巢에 주입시켜 성숙시킨 뒤 사람의 난자와 체외수정시켜 태어난 아기가 이미 이탈리아와 일본에 8명이나 성장하고 있다는 사실은 주목하지 않을 수 없는 문제이다. 아무튼 쥐의 정소를 빌려 태어난 아기들을 생각하면 온몸에 가려움증이 이는 건 사실이다.

생명의 탄생은 신비한 것이다. 수천 수억 년의 긴 세월이 흘러도 세상에 존재하는 생물이라면 어떤 생물이라도 흐트러짐 없는 근원을 잇고 본디의 혈통을 지켜가길 원할 것이다. 가끔 지하철을 이용하며 느끼는 일이지만 전동차 안에서 맞은편에 자리를 잡고 앉은 사람들의 얼굴을 관찰해 보면 어쩌면 한 사람 한 사람 각기 다른 얼굴일까 신기하게 생각된다. 그러나 어린아이를 안고 있는 어머니이거나 아이 곁에 앉은 아버지의 얼굴을 바라보면 그 서로 다름의 낯섦에서 물러나 '어쩜 판에 박은 듯 똑같아!'를 연발하게 된다.

'솔개는 매를 낳을 수 없고, 올챙이는 아무리 세월이 흘러도 개구리다.' 라는 유전 법칙의 신비함을 재확인하는 것이다. 1953년 미국의 왓슨과 영국의 크릭박사가 세포 핵 속에 들어 있는 유전자의 정체를 명백하게 밝혀내고 DNA라 약칭하게 되었는데 이 유전자는 디옥시리보 핵산으로 두 개의 사슬이 서로 얽혀 붙어 매달려 있는 나선 구조라고 한다.

아주 오래전부터 생물은 세포라는 화학 공장 속에서 DNA의 지휘 아래 부모로부터 자식, 다시 손자에게로 유전 정보를 전달해 왔다는 것이다. 인간의 정자 한 개에 포함되어 있는 DNA의 무게는 1조 분의 3g으로 미량이지만, 길이로 치면 1.5m정도가 되며 그 안에 숨어 있는 유전 정보는 1,000쪽의 책으로 환산하여 약 500권의 어마어마한 분량이 된다는 분석이다. 그 속에 기억력, 음악적 감각, 운동신경, 피부색, 눈의 모양 모든 설계도의 기초가 수납

되어 있다고 한다. 그러나 약간의 실수도 수복할 수 있는 안전장치까지 지니고 있다는 DNA의 정보는 몇억 분의 1 정도의 비율로 복제가 잘못되기도 하여 돌연변이가 생기기도 한다는 점에서는 쥐의 정소에 성숙시킨 불임 남성의 정자로 탄생할 아기의 완전한 인격체 형성에 기대하는 유전자 변이의 의심 여부는 더욱 큰 우려를 낳게 하고 있다.

출산은 결혼한 부부에 의한 자연스러운 결실이어야 한다는 것이 통념이다. 한국생명윤리학회에서는 생명의 질을 높이고 가치 있는 삶을 창출하려는 노력이 아닌 생명 조작은 무의미하며, 생명 연장이나 생명의 양이 생명의 질보다 우선될 수 없다는 주장을 하고 있다. 앞서 생명 복제기술이 동물들에 시술되어 소나 양 등 본질과 똑같은 생명체를 탄생시켜 놓고 이른바 자동서터 하나면 줄줄이 쏟아져 나오는 생명 공장 가동이 눈에 보이는 듯했다. 따라서 인간의 생명마저 복제의 단계에 돌입했다는 믿기지 않는 사실을 전해들은 바 있다. 노파심일까 ! 나와 똑같은 사람이 내 옆에서 나와 같은 생각을 하고 나와 같은 행동을 보인다고 생각하면 나의 올바른 존재의 의미는 더욱 무의미하게 될 것이라 생각된다.

인간의 생명은 고귀한 것이며 어떤 생명체도 소유하지 못한 가치 있는 인격체를 지니고 있다. 때문에 몇억만 분의 일 정도의 정상적인 유전자 복제의 오차마저 뛰어넘을 수 있는 ' 쥐 정소의 정자 배양은 기대하고 싶지 않은 생명 공학의 시술이라 생각한다.

모든 생명은 창조주의 신비한 섭리 속에서 시작되었으며 각기 가치 있는 삶을 살아가기 위하여 노력하고 있기 때문이다.

불행을 딛고 일어서면

어떤 사람이든지 그 사람의 삶 속에는 크고 작은 기쁨과 슬픔, 행복과 불행의 흔적이 있다. 성공한 사람이나 실패한 사람이나 모든 사람의 삶 속에 존재했던 혹은 존재하고 있는 기쁨과 슬픔, 행복과 불행이라는 이름의 모습들은 누구도 직감하지 못하는 돌연한 방문으로, 맞이할 사람이 의식도 하기 전에 찾아오곤 한다. 예고 없이 다가와서 걷잡을 수 없이 충격의 파장을 높이는 일상 속의 사건들— 그 사건들이 어느 날은 잴 수 없는 기쁨으로, 어느 날은 가눌 수 없는 슬픔으로 삶의 리듬을 극한의 감정으로 몰아세우는 것이다. 이처럼 한 사람이 살아내는 인생길 위에는 희망의 빛과 절망의 빛이 순간순간 교차되고 반복된다.

어제까지 예상하지 못했던 오늘의 불행, 누구나 그 불행이라는 정거장에 정차하여 눈을 뜨게 되면, 이제껏 꿈꾸던 모든 삶의 희망스런 조건들은 힘없이 땅에 떨어지고 절망의 깊이에 사정없이 빠져들기 쉽다. '이젠 틀렸어!' '모든 게 끝장이야!' '포기해 버려야지!' 하면서. 기쁨이 찾아오던 순간에 손쉽게 받아들이던 호기呼氣도 깡그리 놓아버리는 것이다. 어느 하루도 우리가 사는 삶의 길은 아슬아슬한 외나무다리 위를 걷지 않는 날이 없다. 뜻밖에 발견한 불치의 병으로 스스로 목숨을 끊으려 하기도 하고 참혹한 사고의 현장 속 당사자가 되어 불구의 몸이 되는가 하면, 부진한 사업의 실패로 생계마저 이을 수 없게 되어 자승자박自繩自縛한 나머지 삶을 포기하려는 사람도 없지 않은 것이다.

실패와 불행의 순간을 딛고 일어서 움츠렸던 고개를 들고 용기를 내어 새로운 삶을 시작하는 사람의 모습이 있어 우리의 사회는 보다 발전적인 모습을 형성할 수 있는 것이다. 이마에 구슬땀을 흘리며 새로운 삶을 익혀가는 사람들을 만나면 그들에게서 찬란한 미래의 기쁨을 예감할 수 있어 행복해진다. 절망의 늪에 몸을 맡겨 자신을 버릴 때에는 내일이라는 결실의 시간은 단 1분도 기대할 수 없을 뿐더러 더욱 깊은 자멸의 유혹에 침몰하기 쉽다. 새로운 출발을 위해 부단히 일어서는 몸짓은 건강한 내일을 약속할 수가 있는 것이다. '실패는 약藥'이라고 말한다. 어제의 실패는 반드시 오늘의 출발점이 된다는 축약縮約이다. 그 출발선상에서 우리는 아름다운 미래를 그리고 오늘을 살아낼 수 있고 또한 그 기대만큼 이룰 수 있게 된다.

'어떠한 불행은 오히려 토대가 된다. 불행을 슬퍼하지 말고 불행을 새로운 출발점으로 삼아라. 즉 불행 앞에 굴복하여 슬퍼하지 말고 그 불행을 이용하는 사람이 되라!' 이는 프랑스의 유명한 소설가인 발자크가 남긴 말이다. 그가 제시한 '불행에 굴복하여 슬퍼하지 말고 불행을 이용하는 사람이 되라!'는 의미를 나는 나의 삶 속에서 수없이 반복되는 아픔 속에 담아 넣고 그때마다 굳건히 일어서는 용기로 삼곤 했다. 일찍 어버이를 잃은 고통 중의 학업 연장, 결혼과 문학 수업에 이르는 오늘까지 어느 한 부분도 순탄하지 않았다. 나는 그때마다 발자크의 말을 생각하곤 했다. 불행에 빠질 것인가, 불행을 딛고 일어설 것인가를 가늠하곤 했다.

프랑스 사실주의 문학에 크게 공헌한 발자크는 사회 각 분야의 인물을 주제로 〈인간 희극〉이라는 소설을 써서 인간 정신의 여러 단계를 밀도 있게 표현해낸 문학인이다. 인간의 정신 세계야말로 그 사람의 운명을 좌우할 만큼 절대적 요인이라는 것이다. 설상을 딛고 일어서면 바로 힌 걸음 앞에 희망이 보이고, 희망익한 걸음 뒤에는 언제나 절망이 숨 쉬고 있다는 사실을 우리는 느낄 수 있다. 모든 일은 정신에 달려 있는 것이다. 어떤 고난이 닥쳐도 헤어나려는 의지만 있다면, 딛고 일어서려는 용기만 있다면 길은 항상 열릴 수 있기 때문이다.

얼마 전 텔레비전을 통해 부모와 떨어져 보육원에 맡겨진 아이들이 온종일 자신을 떼어놓고 떠난 아버지 혹은 어머니를 창문 밖을 내다보며 기다리는 모습을 보았다. 약속한 날에 찾아오지 않는 아버지를 기다리며 울고 있는 가엾은 아이를 보았다. IMF라는 경제 위기는 단란했던 한 가족의 생계를 위협하여 부득이 부모와 자식이 헤어져 살지 않을 수 없는 불행을 낳게 한 것이다. 자식을 보육원에 맡겨놓은 아버지도, 보육원에 맡겨진 아이도 현실의 고통을 눈물 흘리며 참아내고 있었다.

아이들은 머지않아 다시 전과 다름없이 함께 모여 살 수 있다는 기대를 지니고 있었으며 그렇게 되기 위하여 노력해야 한다는 것도 알고 있었다. 그들이 기대하는 최소한의 바람은 부모와 자식이 함께 모여 생활할 수 있는 기본적인 여건이 마련되는 것이었다. '불행이야말로 우리의 최대의 스승이며 돈과 사람의 가치를 가르쳐 주는 동시에, 역경이 있으면서 타락하지 않는다면 그것만으로도 충분히 위대하다.'는 발자크의 말이 새삼 오늘을 사는 사람들에게 귀감이 되지 않을까 생각한다.

그대가 그곳에 서 있기에

존재하여 있다는, 세상 어딘가에 숨 쉬고 있다는 사실만으로 외로움은 덜어낼 수 있다. 얼굴 보고 싶으면 찾아가 만나고, 목소리 듣고 싶으면 전화기를 들어 통화하면 된다. 세상 어딘가에서 함께하고 있다는 안위는 휘몰아치는 폭풍의 언덕에서도 굳건히 버틸 수 있는 용기를 심어준다. 그대가 있기에 나는 늘 가슴에 살아 생명력이 넘치는 꽃을 심을 수 있는 탓이다. 그대가 세상 한가운데에 서서 나를 지키고 있을 때, 그대와 나의 거리는 세상 끝에서 끝일지라도 눈 한번 감으면 얼마든지 그대를 내 곁에 끌어올 수 있는 기쁨이 있다. 그러나 그대가 만약 세상을 버렸다면 그대의 모습을 찾기 위해 나는 제아무리 눈을 크게 뜨고 감아도 그대는 저승의 문을 꼭 걸어 잠그고 희미하게 사라져가는 기억의 파편들을 내다 던지며 등 돌려 서 있지 않을 수 없을 것이다. 그대가 그곳에 서 있기에 나는 늘 행복하다.

어머니는 나를 세상 가운데의 깊은 외로움의 수렁에 던져 놓고 세상과의 인연을 끊었다. 눈보라 비바람이 몰아치는 날이면 나는 몸을 움츠리며 고개를 땅속 깊이 묻어 놓고 포수의 화살에 잡힌 겁에 질린 사슴처럼, 하늘을 올려다보지 못했으며, 한여름 속에서도 한기를 느껴야 했다. 어머니는 발목을 잡는 어린 나의 손을 뿌리치며 '어머니'를 가슴에 담고 살라 하셨지만 그게 아니었다. 가슴에 담고 살아생전의 기억의 수레를 끌고 나아갈 때마다 위안이기보다 견디기 어려운 아픔과 그리움이 더욱 크게 살아나 상처를 입혔다. 가슴 찢기는 상처로 밤새도록 눈물을 흘리다가 흥건하게 적은 베개 위에 얼굴을 파묻고 잠이 들곤 했다. 살아 있는 그리움은 희망을 쥐어주지만 생명을 잃은 그리움은 아픔을 쥐어준다.

그대가 그곳에 서 있기에 나는 가을 들녘처럼 평화롭다. 큰아들이 군에 입대하는 날이었다. 아침부터 가슴 전체가 구멍이 뚫리기 시작하더니 걷잡을 수 없는 아픔이 전신에 몰려오기 시작했다. 빡빡머리를 하고 소집 장소로 떠나는 아들에게 눈물을 보일 수 없어 꾸역꾸역 참고 있다가 기어이 고개를 돌리고 말았다. 걱정하지 말라는 아들의 위로가 귀에 닿지 않았다. 며칠 후 입고 갔던 평상복과 신발이 소포로 도착하는 날 아들의 냄새가 완연한 그것들을 안고 다시 또 눈물을 흘렸다. 단 삼 년의 헤어짐이 삼십 년만큼이나 아리게 다가왔다. 아침 TV뉴스에는 군에 입대하였다가 사고를 당해 목숨을 잃은 장병들의 가슴 아픈 사연을 전해주고 있었다. 순간 '그래 건강하게 살아 있기만 해라.'는 간절한 기도가 흐르던 눈물을 말끔히 씻어 주었다. 어느 곳에 있든지 세상에 살아 있다는 축복만큼 큰 것은 없다.

  문득문득 깊은 병고에 시달리던 친구 생각이 난다. 몇 번의 입원으로 사경을 헤매던 그가 작년인가 전화를 주어 안도의 숨을 쉬었지만 다시 연락이 없어 요즈음은 그의 안부를 더욱 궁금해 한다. 그러나 난 그의 집에 전화번호를 돌리지 않는다. 그의 소식 듣기가 몹시 두렵다. 여러 번 수화기를 들었다가 내려놓곤 했지만 다시는 수화기도 들지 않을 참이다. 혈액암이라는 판정을 받은 그의 안부 확인하기가 무섭다. 어느 날 불현듯 그가 '잘 있었다.'라는 전화를 내게 걸어주길 나는 기대하고 있다. 세상에 살아 숨 쉬는 그대로 나는 그를 그리워하고 싶다. 가슴 뚫린 허허벌판의 황량한 그리움, 그 아픔으로 그를 기억하고 싶지 않다. 존재의 무게를 잃는 하늘 무너져 내리는 이별은 싫다.

  나는 지금 평화롭다. 그대가 세상에 있다는 기쁨이 나를 행복하게 한다. 그대는 항상 내 곁에 있다. 손 뻗으면 달려와 내 손을 잡을 수 있는 세상 어딘가에 존재한다. 그대가 있음으로 나는 웃을 수 있고, 그대가 있음으로 나는 노래를 부를 수 있다. 사막의 열풍도 헤쳐낼 수 있고, 빙하의 설벽도 무너뜨릴 수 있다. 그대가 세상에 존재하기에 나는 봄이면 씨앗을 뿌리고, 긴 장마와 폭염의 여름과 혹한의 겨울도 밀어내고 실한 열매를 수확할 것이다.

그대가 세상에 존재하는 푸른 벌판에서 나는 춤을 추고 노래를 부를 수 있을 것이다. 그대가 그곳에 서 있기에 나는 행복하다.

목욕탕집 할머니

 길 하나만 건너면 대중목욕탕이 보인다. 어느 땐 내 집 창밖으로 목욕을 하기 위해 왕래하는 사람들을 바라보고 어느 땐 목욕탕 주인이 조그마한 유리창 밖으로 우리 집 현관에 출입하는 사람들을 바라본다. 의식적이거나 무의식 중에 양쪽 집 사람들은 시시각각 상대성 관심사가 되어진다. 가끔씩 외출을 하기 위해 현관을 나설 때에도 나는 목욕탕 집 출입구 쪽으로 시선을 보낸다. 은연중에 나의 외출을 알리고자 하는 행위와도 같다. 그쪽에서 바라보는 이쪽의 가장 큰 관심사는 무엇인지 모르지만, 내가 목욕탕 쪽으로 관심을 보이는 대상은 어느 하루도 모습을 감추지 않는 그 댁 주인 할머니의 출입이다.
 조그마한 체구의 앙상히 뼈마디가 드러난 체형의 할머니는 매우 부지런한 분이었다. 몇 개월 전만 해도 목욕탕의 모든 일을 손

수 관리하며 손님들에게 물을 많이 쓴다 나무라고, 너무 오래 목욕하는 사람은 건강에 해롭다며 애꿎은 사람들을 꾸짖기도 하셨다. 욕실에 들어와 하수구에 막힌 머리칼을 떼어내기도 하고 아무렇게 늘어놓은 목욕 용기를 정돈하시던 할머니다. 그 할머니가 요즘은 전과 같지 않다. 한 평 남짓한 목욕탕 출입구에 딸린 문간방에 앉아 목욕 요금을 받던 일도 한참 전이고 언제부턴가는 누구도 알아듣지 못하는 말씀을 혼자 중얼거리기 시작하셨다. 가을 햇볕 비치는 목욕탕 밖 층계에 힘없이 앉아 손가락을 만지작거리며 역시 알아듣기 힘든 말씀을 끝없이 하시곤 한다. 할머니의 모습이 예전 같지는 않지만 어느 하루도 어김없이 할머니는 목욕탕에 계신다.

  오늘은 세면도구를 챙겨들고 목욕탕으로 뛰어갔다. 우리 집 쪽으로 창문이 달린 방에서 할머니의 손주 며느리가 요금을 받고 있었다. 의식적으로 두리번거리며 할머니를 찾았다. 탈의실 쪽으로 들어서자 할머니는 소파에 앉아 계셨다. 예전 같으면 무슨 말씀이든 한 마디쯤 건네주셨을 분이지만 소파에 등을 기댄 채 고개를 한쪽으로 기울이고 한낮의 깊은 잠에 취해 계셨다. 지난번에도 그 같은 모습으로 앉아 계시더니 오늘도 다름없는 모습이다. 할머니는 어느 날부턴가 기력을 잃은 듯 뵈인다. 벌써 몇 번째 전신의 맥을 풀고 계신 할머니를 목격하고 있다. 탕 속에 들어와 젊은 사람 못지않게 물살을 헤치며 물속을 걷기도 하셨지만 요즈음은 그 모습을 뵐 수가 없다. 좀 더 가까이 할머니 곁으로 갔다.

굵은 주름살이 얼굴 전체에 파도처럼 일렁이고 있었다. 소매 끝으로 드러난 손등의 주름살도 다섯 갈래의 뼈와 뼈 사이로 축 늘어져 뵙기가 안쓰러웠다.

아주 짧은 기간에 일어난 할머니의 변화가 무심하게 받아들여지지 않는다. 자리에 누워 계실 만큼 병고에 시달리지는 않지만 할머니는 분명 당신의 삶 속 새로운 변화의 지점에 머물고 계신게 분명했다. 누구나 거쳐야 할 굴곡의 인생길이지만 지금 할머니가 맞고 계신 부분은 예사롭지 않아 보인다. 당신이 걸어오신 팔순의 연륜만큼 삶의 무게를 한몸에 안고 계신 할머니의 모습은 앙상한 겨울나목처럼 쓸쓸하기만 하다. 할머니는 꿈을 꾸듯 여전히 눈을 감고 계셨다. 몸을 다 씻고 탈의실에 나왔을 때도 할머니는 소파에 앉아 계셨다. 의식이 없는 사람처럼 조용히 눈감고 계셨다.

목욕탕을 빠져나와 건너갔던 차도를 다시 건너 내 집 인도에 닿았다. 늦가을 바람이 짖은 머리칼을 흔들며 매섭게 살갗을 때렸다. 이어 나이든 플라타너스 가로수 밑으로 손바닥보다 큼직한 마른 잎새 하나가 뚝 떨어져 맨발의 슬리퍼 위에 멎었다. 누렇게 퇴색된 플라타너스 잎새였다. 젊은 날 씩씩하게 잎살 전체에 자양분을 공급하던 푸른 실핏줄의 잎줄기는 앙상한 뼈처럼 드러난 늙은 노인의 모습이었다. 순간 목욕탕집 할머니의 주름진 얼굴이 떨어진 잎새 위에 내려앉았고 손등의 주름살도 함께 와 놓였다.

가로수 밑에 서서 건너갔던 목욕탕 집 출입구를 바라보았다.

그리고 여전히 소파에 앉아 눈을 감고 계실 할머니를 생각했다. 나무는 한번 터를 잡고 뿌리를 땅속에 뻗으면 평생을 제자리에서 떠날 줄 모른다. 백 년이든 천 년이든 온갖 풍상을 견디며 한 해 한 해 연륜을 쌓는다. 비바람 폭풍우도 눈보라치는 삭풍의 겨울도 의연히 견딜 줄 아는 삶을 산다. 아기 눈망울 같은 새싹을 틔우고 무성히 잎을 키운 다음 열매를 거두고 한평생의 삶을 자연의 순리에 순응하고 있다. 한때는 화려한 옷차림으로 자연을 노래하기도 하면서 홀연히 옷을 벗고 손에 쥐었던 생명의 연을 놓아 버린다. 생명의 힘을 내려놓는다. 마른 나뭇잎 하나는 뻗어 오르던 생명이 끊겨 떨어진 삶의 흔적이다. 파릇이 피어나기 위한 몸단장이 아니라 앙상히 존재를 버리는 종말의 의식을 보여주고 있다. 숨을 죽여 온갖 의식의 문을 닫는 최후의 순간을 나뭇잎은 보여주고 있다.

  회갑이 지난 아들과 그 아들의 아들, 그리고 어린 증손자까지 한집에서 다복한 삶을 사시는 목욕탕집 할머니는 요즈음 자꾸 꿈길 어디쯤을 걷고 계신다. 매일 넋을 잃고 목욕탕 출입구 밖 층계에 앉아 계시다가 목욕탕 안 탈의실 소파에 앉아서 긴 잠을 청하신다. 목욕탕집 밖 가로수 밑에는 앙상히 마른 낙엽이 입동의 찬바람에 소리 없이 떨어져 땅바닥에 잠들고 있다.

침묵의 몸짓

4

생명의 눈뜸
매일을 삶의 마지막 날이라고 생각할 수 있을 때
가을엔 깊이 외로워하자
멈추지 않는 시간의 수레바퀴를 달고
생존
침묵의 몸짓
내 삶의 길에는

생명의 눈뜸

거실 창가에 놓아두었던 작은 화분 속 화초 하나가 새로운 생명의 힘을 내어 보였다. 높은 실내 온도가 봄을 미리 불러 앉힌 탓이다. 겨우내 움츠렸던 마른 줄기에 연록의 잎새로 기지개를 켜며 솟아 올린 것이다. 화초의 이름은 남쪽 어느 섬 지방에서 자생한다는 '마사출'이다. 길게 줄기를 내려뜨리고 봄이면 윤기 어린 잎새를 줄기 사이사이에 내어놓았다가 가을이면 빨갛게 단풍을 들인 다음 앙상한 가지로 겨울을 맞는 것이다. 그리고 봄이 되면 그 마른 가지 사이로 반지르르 윤기를 머금고 영롱한 별의 눈빛 같은 새 생명의 신비를 탄생시킨다. 마사출은 지금 겨울 속의 봄을 맞고 있는 것이다.

생명의 눈뜸이다. 대문 밖 돌계단 아래 시멘트 사이에서 매몰찬 추위를 견디며 생명의 존재함을 안으로 다독이던 풀포기 하나를 만났다. 살을 에는 한파도 아랑곳없이 오직 한 자리를 지키며 숨죽여 생명을 안고 있는 그의 모습이 언제나 눈에 밟히곤 했다. 허나 겨울답지 않은 이상 기온이 이어지던 며칠 전 애처롭기 짝이 없던 그의 얼어 해어진 잎새 사이 그 깊숙한 곳으로부터 파릇한 빛의 생명의 끈 하나를 경이롭게 만날 수 있었다. 영상의 기온을 맴돌던 며칠 동안을 그는 봄볕이라도 마중하듯 성급히 새잎을 펼쳐내고 있었던 것이다. 맑고 싱그러운 잎새였다.

다시 한파는 몰려와 뾰족이 얼굴을 내밀던 새 생명 위에 혹독한 매질을 가하며 내려앉았다. 헐벗은 가슴을 움켜쥐고 새로운 생명의 힘을 펼치려던 그의 시선을 나는 분명 마주하고 있었으나, 지금은 그의 해맑은 모습을 만날 수 없다. 파릇이 돋아나던 청순한 의지를 만나기 위하여 나는 허리를 굽혀 쭈그리고 앉아 누렇게 묵은 잎을 헤쳐 보았지만 새 생명의 기운은 보이지 않았다. 얼마나 깊이 고개를 숙여 생명의 힘을 감추고 있는 것일까. 어쩌다 화초라는 이름을 지니게 되어 거실 중앙에 보기 좋은 모습으로 따뜻이 앉아 있는 마사출을 바라보면, 대문 밖 소외된 곳에서 혹한의 한파를 견디고 있는 강인한 의지의 생명 하나를 떠올리지 않을 수 없다. 전신이 꽁꽁 얼어붙는 추위 속에서도 끝내 생명을 버리지 않고 숨죽였다가 돌아올 봄을 기다리고 있는 풀포기 하나의 의지를 버릴 수 없는 것이다.

가끔 나는 내게 주어진 생명의 힘을 알뜰히 가꾸어 보다 좋은 나무로 성장시켜야 된다는 사명감을 느낄 때가 있다. 생명을 지켜 나아감에 있어서는 사랑과 미움과 기쁨과 고통을 함께 체험하며 이끌어 나아가지 않을 수 없는 일이지만 때로는 감당할 수 없는 슬픔과 고통 속에서 생명의 힘을 맥없이 놓고 싶은 유혹을 잘 견디어 왔다는 생각이다. 삶을 스스로 포기하는 사람들이 근래에는 잦은 편이지만 고통과 슬픔을 거치지 못한 우리의 삶은 폭풍을 견디지 못하는 돛단배와 같이 연약하기 짝이 없는 일이 아닐 수 없다. 때문에 삶은 폭풍우의 언덕으로, 미풍의 황금 들녘으로 우리의 현실을 끌고 가는 모양이다.

대문 밖 이름 없는 풀포기 하나가 엄동설한에 그 엄청난 한파와 싸우고 있는 것은, 다가올 봄날의 햇살과 훈풍을 맞이할 인내가 있기 때문이다. 영하 15°의 혹한에 온몸이 발가벗겨 대문 밖에 나를 내어놓았을 때 내 생명은 온전하길 기대하지 못한다. 하지만 손바닥 반의 반 크기의 작은 몸체의 풀포기 하나가 어찌하여 그처럼 엄청난 동장군과 싸울 수 있는 것인지. 생명의 불씨를 간직할 수 있는 것인지. 하루에도 몇 번씩 대문을 오고 가며 그의 가슴을 열어보고 있다. 비록 작은 생명체라 하지만 자신을 지키고 가꾸는 데는 혼신을 다하여 정성을 쏟고 있다. 때로는 뿌리 끝까지 생명의 힘을 내어놓았다가 어느 날은 목젖 가까이 올려놓기도 하면서 다가올 봄날의 햇살을 기다리고 있는 것이다.

누구는 지금 남보다 한 발 앞서 봄을 맞고 있다. 하지만 그는 앞서 맞은 봄날의 햇살만큼 한 발 앞서 한겨울의 추위도 맞이해야 할 것이다. 어쩌면 내 혈맥을 타고 흐르는 내 생명은 온전히 내 것이 아닐 수 있다. 내 안에 있는 생명이 오히려 나를 유지하여 나를 거느리고 있을지 모른다. 봄이 머지않았다. 파릇파릇 생명을 돋아 올릴 대문 밖 풀포기 하나의 새로운 생명 탄생을 가슴 벅찬 기쁨으로 맞이해야겠다. 그 찬란한 봄볕 속에 일어설 생명의 밝은 빛을.

매일을 삶의 마지막 날이라고
생각할 수 있을 때

 집 근처에 큰 병원이 있다 보니 주야를 가리지 않고 요란하게 들려오는 구급차의 사이렌 소리가 가슴에 육중한 무게로 와 닿는다. 자정이 넘은 적막한 시각 속에 파고드는 차디찬 음향은 더욱 초를 다투는 죽음에의 위협을 느끼게 한다. 갑자기 찾아드는 고혈압 증세나 심장마비 등에 따른 어느 귀중한 목숨 하나가 죽음의 기로에서 헤매고 있다는 긴박감이 가슴 가득 자리해 오는 것이다. 이름 모를 풀벌레의 연약한 생명이 사그라지듯 잠시 전 멀쩡하던 사람이 잠깐 사이에 저승객이 되어지는 순간들. 누구든지 이렇게 돌발적으로 다가오는 급변을 두고 자신의 목숨인들 변변히 부지하고 있다고 자부하지는 못한다. 죽음의 늪 속에 한 발자국 들어선 사람이나 늘 가까이까지 앞당겨 있는 사람들, 그들은 한순간이라도 더 많은 생을 살기 위하여 안간힘을 쓴다.

생명을 소유한 모든 사람들의 삶에 대한 애착은 특히나 병원에 입원해 있을 경우에 더욱 뚜렷이 나타나 의사는 그들에게 늪 가운데에 지푸라기를 던져 주는 절대자가 되어진다. 꺼져가는 생명줄에 불을 댕겨 주는 유일한 절대자가 된다. 흰 가운을 붙잡고 살려달라고, 살아야 한다고 애원하는 눈동자는 의지할 데 없는 어린아이보다도 가엾고 측은해 보인다. 하루에도 몇 번씩 오고가는 구급차, 그곳에 실려 있는 많은 중환자 중에서 교통사고를 당하였을 경우에는 그 처참함이 가장 크다고 볼 수 있다. 전신이 피투성이가 되어 이목구비를 분간하기 힘겹게 일그러지거나, 다리나 팔이 부서지는 일은 대부분이다.

들것에 자신의 생명을 맡겨 버린 듯 몽롱한 의식 속에서 그들은 분명 말을 하고 있지만 눈동자 가득 깊은 의미의 호소를 먼 허공에 내젓고 있을 뿐이다. 그들이 떠올리는 소리 없는 말의 의미는 듣지 않아도 쉽게 알아들을 수가 있을 것 같다. 힘없는 허우적거림의 눈동자는 죽음의 장막 속에서 헤어나고픈 간절한 바람 같은 것임이 분명하지 않은가. 말을 하려 하지만 짜여 나오지 않는 소리, 팔을 저어 수화라도 전달하고자 하지만 석상처럼 움직여지지 않는 행동이다. 아직 해야 할 일이 많다거나 이제부터 진정한 삶을 살고자 한다는 안타까운 몸짓으로 눈동자만 열려 있다.

'매일을 그대의 마지막 날로 생각하라. 그러면 예기치 않은 시각의 후의를 기뻐하게 될 것이다.' 중세 철학자 -호라티우스-의 말이다. 죽음이 한 치 밖에서 다가오고 있는 냉혹한 현실 속에서 참담한 종말은 자신에게 쉽사리 다가올 리 없을 것이라는 자만으로 경거망동하지 말라는 소지에서 비롯된 금언金言인 듯하다. 하지만 오늘을 내 자신의 마지막 날로 생각하기란 그리 쉬운 일이 아닌 줄 안다. 떨쳐 버릴 수 없는 미련들이 불쑥불쑥 고개를 쳐들고 분에 넘치는 욕망으로 내일이라는 미래를 붙들고 있기 때문이다.

엊그제는 아까운 청년이 목숨을 잃고 말았다. 대학교 3학년에 재학 중이던 그는 남달리 명랑하여 그를 아는 주위 사람들을 늘 웃음 짓게 했다. 또한 친구의 슬픈 사연을 진심으로 나누어 안고 그 슬픔의 농도를 엷게 하여 주던, 정리가 돈독한 청년이기도 했다. 그는 늦은 밤 2층 난간에서 떨어져 두개골이 파열되는 불행으로 시내 모 병원에 사흘 동안 입원해 사경을 헤매다가 끝내 숨을 거두고 말았다. 이제 스물이 조금 넘은 아까운 나이에 그의 생애는 너무도 상상 밖으로 일찍 끝이 난 것이다.

항상 느끼는 일이지만 가까운 사람들이 하나둘 저세상 사람이 될 때 한동안 그들의 죽음을 인정하지 못하곤 한다. 좀체 믿기지 않는 전갈을 받고 그의 뛰어난 외모라든지 장래가 촉망되는 두뇌라든지 섣불리 모나지 않던 대인 관계의 모든 기대가 스러지고만 물거품이 됐다고 생각할 때 다시금 생과 사란 둥근 고무풍선 속에 바람이 가득 찼을 때와 바람이 모두 새어나와 기능을 잃고 빈 가죽만 남아 땅에 떨어지는 변화와 같다는 아주 얄팍한 차이

점을 실감할 수 있었던 것이다.

우리 생활은 늘 살아나감이 아니고 죽음의 그 생경함 속에 가까이 다가감이라고 인식하여 온 바이지만, 요즈음처럼 그렇게 피부 깊숙이 실감되어질 때 어느 한순간의 후의를 기뻐하기 위해서라도 지난 하루를 감사히 여길 줄 알며 다가올 내일을 아끼며 살리라는 생각은 늘 뇌리에서 떠나지 않는다. 다만 그러한 생각을 실생활에 옮기기엔 욕심처럼 쉽지가 않다. 마치 성당 안에서 성체를 영한 뒤의 성령에 가득찬 평온한 마음이 성당 밖을 빠져나와 채 한 시간도 못 가서 어느 무신론자의 그 이글거리는 탐욕과 시기와 질투 속에 침몰하는 경박한 마음과도 같다. 몇 해 전 심장이식 수술을 받고 덤으로 주어진 삶을 산 미국의 클라크 씨 생각이 난다.

112일 동안 세계 최초 인공 모터 심장으로 지낼 수 있었던 그는 이미 수술 이전의 생애로 자신의 일생을 마무리지어 놓고 제2의 생애를 유타대학 병원에서 평화와 존엄 속에 살 수 있었다. 그의 생명이 어느 한계선을 넘지 못한다는 추측과 여분으로 주어진 생활이라는 감사의 마음도 지녔겠지만 생명의 불꽃이 영원히 잠들기 이전의 삶 속에서 그 역시 생애 대한 미련은 남아 있었으리라 본다.

금속 파이프의 길이 1.8미터로 연결된 자비크 7호 인공 심장은 신이 창조하신 인간의 심실에 넣어져 인류의 역사 앞에 뚜렷한 고동을 쳤지만 112일이라는 생애로 그는 편안히 잠들었다. 온 세계 심장 기능 마비의 죽음에서 희생적으로 실험대의 운명을 밝게 감지한 클라크 씨는 세 번이나 가슴을 절개하고 일곱 번이나 사경을 헤매는 시련 끝에 끝내 심장이 정지되고 말았지만 생을 잇고 맺음에 있어 그의 의연함은 미래의 인공 장기 시대라는 희망을 저버릴 수 없게 하였다. 짧은 순간이지만 평화롭게 살 수 있었던 클라크 씨의 제2의 삶은 그의 정신 세계에서 기쁨으로 맞이할 수 있었던 것으로 안다.

 죽음을 천명으로 맞이하면서 평화롭게 순응할 수 있었던 믿음 있는 사람들은 수를 헤일 수 없다. 죽음 앞에 굴복함이 아니며 죽음을 극복하여 영원한 삶을 살기 위한 선택된 사람들이다. 시시각각으로 찾아드는 죽음이라는 공포에서 차분히 벗어날 수 있고 평화롭게 맞이할 수 있는 정신 자세가 갖추어질 때 하찮은 탐욕에서 벗어나 비로소 만족한 삶을 살아갈 수 있으리라고 본다. 또한 오늘을 삶의 마지막 날이라고 생각할 수 있을 것 같다.

가을엔 깊이 외로워하자

 계절은 어느 날 문득 바람에 실려와 열어 놓은 살갖 사이를 깊숙이 비집고 들어선다. 어느 사이 우리의 몸 가까이 다가와 거울 속에 드러난 얼굴처럼 전신을 몸 밖으로 드러내 놓곤 한다. 목젖까지 차오르던 무더위의 기승도 어김없이 찾아오는 절기의 분명함에 순응하지 않을 수 없는 모양이다. 입추가 지난 이튿날부터 찬바람이 일고 있음을 알았다. 어제까지 계속되던 이상 온난화 현상이 전신을 땀으로 젖게 하더니 열어 놓은 창문 사이를 파고 드는 서늘한 바람이 새벽잠을 설치게 했다. 여름에서 가을로, 가을에서 겨울로, 겨울에서 봄으로, 봄에서 여름으로 계절이 바뀔 때마다 멈칫 제자리에 서서 이미 찾아와 버린 계절의 감각으로 눈을 뜨는 것이다.
 기온이 절기에 닿기 무섭게 바람이 먼저 와 자리를 잡는다. 가을은 인적이 드문 뒷골목 텅 빈 보도 한쪽에서 서서히 물들기 시작한다. 가로수 잎새와 잎새 사이를 흔들며 지나는 바람으로부터 시작된다. 싸늘하게 가슴을 스치고 지나는 바람결. 그로 하여 쓸쓸하고 외로운 까닭은 무엇일까? 마음과 마음 사이를 싸고 있는 크나큰 공간 탓이다. 끝없이 치닫는 욕망의 공간, 부귀영화, 권력과 명예와 이루지 못한 사랑의 공간들, 그들이 마음과 마음 사이를 넓혀 놓은 그리움의 탓이다.

가을은 지난 시간을 뒤돌아보는 자성의 계절이다. 얼마나 비어 있고 얼마만큼 채울 수 있는가를 생각하게 한다. 사람들은 하나씩 둘씩 어깨에 걸치는 몸단장으로부터 싸늘하게 스며드는 바람의 힘을 막으려 하지만, 벗겨진 마음의 옷을 감싸는 일이 쉽지 않음을 안다. 가을은 지나치게 드러나 버린 맨살의 노출을 재는 마음의 저울이다. 얼마만큼 비어 있고 얼마만큼 채워야 하는가를 알게 한다.

손가락 마디 크기만 한 아기 감이 주먹만 한 붉은 홍시로 성장할 수 있기까지, 앳된 밤송이가 탐스럽게 알을 채우고 영글기까지, 그들은 뿌리를 통하여 온갖 영양분을 끌어올리고 적당한 햇볕과 맑은 공기를 섭취하기에 수고를 아끼지 않았다. 결실을 키우고 가꾸어 이룩한 생활의 진리이다. 진실한 삶을 통하여 거두어들이는 가치 있는 결과이다. 한 해에 한 번씩 사람들은 결실의 계절을 맞이한다. 수고하여 이룩한 땀의 결과를 확인하게 된다. 그러나 늘 채워야 할 양에 미치지 못하는 결실로 가슴을 앓고 있다. 무엇으로 빈 가슴을 채워야 하는가 생각하곤 한다.

옥상에 심어 놓은 조롱박 넝쿨 사이에서 십여 개가 넘는 작은 박들이 가지 사이를 떨어져나와 허공중에 매어 있다. 등불을 밝혀 놓은 듯 살결이 고운 그들의 결실을 확인하며 씨를 뿌리고 거두는 이치를 깨닫게 하였다. 씨앗을 흙 속에 심을 땐 탐스런 결실을 꿈꾸게 된다. 파랗게 돋아나기 시작하는 새싹들을 확인하였을 땐 생명의 신비를 발견하지 않을 수 없었다. 깡마르고 단단한 작은 씨앗 속에 숨어 있던 생명의 파릇한 눈뜸이 얼마나 아름다운지 알게 했다. 오랜 가뭄으로 아침저녁의 물줄기도 성에 차지 않아 고개를 늘어뜨리던 박넝쿨이 끈질기게 생명을 이어와 옥상의 풍치를 한결 풍요롭게 이룩해 주었다.

결실은 소기의 목표를 향한 기쁨이다. 수확의 양은 씨앗을 심는 크기에 비례한다. 무엇을 심고 무엇을 어느 만큼 거두어들일 것인지에 따라 결실의 기쁨을 알게 한다. 작은 조롱박 씨앗을 심었더니 조롱박이 앙증스런 모습으로 제 몫을 해 주었다. 씨를 뿌리고 가꾸어 결실을 맺는 이치를 체험하게 했다. 옥상의 한정된 흙 속에 욕심처럼 수박의 씨앗을 뿌려놓고 결실을 기대할 수는 없었을 것이다. 마음속 채워지지 않는 비워진 공간은 결실의 결과를 기대하기 앞서 욕망의 크기가 지나치게 깊어 좀처럼 담아내기 힘들기 때문일 것이다.

욕망의 크기를 벗어 내치는 일이 비어 있는 가슴을 가득히 채우는 방법일 테지만 욕망이 아름다울수록 벗어 내치는 일은 쉽지가 않다. 진정한 삶의 이치를 깨닫기는 쉬워도 깨달음을 따르기는 어렵기 때문이다. 중국 고사에 이런 말이 있다.'아침에 진리를 깨달은 사람은 저녁에 죽어도 좋다.' 평생을 살아도 깨닫기 어려운 것이 삶을 사는 방법임을 부정하지 못한다. 때문에 결실의 가을엔 깊이 쓸쓸해하고 깊이 외로워하지 않을 수 없다.

멈추어지지 않는 시간의 수레바퀴를 타고

 시간의 흐름처럼 제 스스로 일정한 간격을 맞추어 흐름을 지닐 수 있는 존재가 또 있을까. 되돌아설 수 없는 오직 앞으로만 내달리는 숙명의 길 위에서 우리의 삶 또한 그 멈추어지지 않는 흐름 위에 얹혀 있음을 알게 된다. 시간의 수레바퀴를 타고 매 순간의 변모를 꿈꾸며 너와 나 모두는 오늘을 살고 있는 것이다. 천지가 화등花燈을 밝힌 듯한 봄인가 싶더니 어느새 여름이라는 싱그러운 녹음을 시야에 담고 있다. 조금은 등줄기에 땀이 흐르고 장마가 찾아올 모양인지 하늘은 먹구름이 가득하다. 분명한 것은 그 시간의 흐름이 가져다 준 어제와 다른 오늘의 의미들 속에서 매 순간 우리는 새로운 일의 숙제를 안고 산다.

 한 치 앞도 내다볼 줄 모르는 삶이지만 내일이라는 날이 있어 오늘 이 시간이 행복하고 꿈꾸어 온 희망이 이루어질 것이라는 기대를 갖게 하는지 모른다. 물 댄 논에는 모판에서 옮겨진 파릇한 어린 벼가 나란히 운동장의 아이들이 조회를 서듯 줄을 잡아 그림을 그려 놓았다. 진흙 속에 뿌리를 박고 튼실하게 키를 키울 벼들에게 농부는 어떤 바람으로 '모심기'를 했을까. 우선은 질퍽한 논의 흙 속에 뿌리를 내려 모들이 제 삶의 터를 튼실하게 뻗어내어 주기를 기대하였을 것이다. 곧 다가오는 장마의 물살에 휩쓸려 유실되지 않도록 어린 벼들이 뿌리내리기에 혼신을 다해주기를 기도하였을 것이다.

무엇을 하나로 올곧게 세우는 것이 쉬운 일은 아니다. 새들도 꽃나무도 짐승도 온갖 곤충들은 봄이 되면 숨죽였던 생명을 일으켜 세우고 꽃과 열매를 맺기 위해 자신을 내어 투신하고 있다. 모심기를 마친 논에서 벼들은 자라 건강한 열매를 매달기 위해 적당한 물과 햇살의 공급을 필요로 할 것이며 가을이면 황금빛 들판을 펼쳐내고는 천적인 새 떼의 공격을 감내해야 할 것이다. 숲 속 나무들은 제 성장을 지키기 위해 이웃 나무들을 밀쳐내기도 하고 보다 더 키를 키워 우뚝 서려는 의지로 뻗은 가지를 죽이고 잎을 털어내는 비장함도 마다하지 않는다고 한다. 무엇을 올곧게 세우는 것은 쉬운 일이 아니기에 부단한 자기희생이 요구되는 모양이다.

어느 시기보다 초록 잎새로 싱그러운 산과 들을 바라보면서 계절이 간직한 푸르른 의미를 깨닫는다. 신록의 의미는 접음의 무한한 가치를 내다보게 하는 희망을 안고 있다. 하지만 어름이 성큼 다가온 듯한 이즈음 시기적으로 장마가 다가설 것이라는 예측 속에서도 전국의 저수지는 바닥을 드러내고 모심기를 끝낸 논바닥이 갈증으로 갈라지고 있다. 장마로 인한 홍수의 두려움에 앞서 이른 여름의 가뭄으로 목이 마르다. 멈추어지지 않는 시간의 수레바퀴를 타고 각기 계절은 최선을 다한 자신의 모습을 보여주지만 이른 봄 동토의 겨울 한파를 견디어 꽃을 피우는 목련꽃의 강인한 의지를 생각하지 않을 수 없다. 이른 여름의 가뭄도 곧 해갈이 될 것이라는 기대를 한다.

종일 해 놓은 일 없이 시간의 수레바퀴 위에서 하루라는 시간과 공간을 다 써버린 것 같아 아쉬운 날이다. 일요일이라는 시간은 정해진 나날의 일과 속에서 다소의 휴식을 요구하기도 하지만 틈을 만들어 침대에 눕는 게으름을 피워도 시간은 일정한 궤도를 지키며 잘도 레일을 달려가고 있다. TV채널을 돌려가며 뉴스를 듣고 〈동물농장〉을 시청하거나 〈열린 음악회〉를 감상하고 주말 드라마에 빠져들지만 시간은 여전히 제 속도로 달려갈 뿐 멈추어 서지 않는다. 아침해가 뜨고 한낮을 지나 밤으로 내달리는 시간 속에서 하루는 저물고 있다. 심신의 활동을 쉬며 무의식 상태의 잠에 드는 동안에도 시간은 멈추어지지 않는 수레 위에서 저 혼자 흐르고 있다.

언젠가 세상에 발을 딛고 살던 한 사람이 자신이 지닌 삶의 크기를 다하고 죽음이라는 절명의 순간을 맞이한다. 그러나 세상의 모든 가치를 제어하는 시간은 여전히 제 속도를 유지하며 멈추어지지 않는 수레바퀴를 따라 흘러가고 있다. 세상에 놓인 어떤 아픔, 어떤 슬픔이 다가오고 지나가도 묵묵한 자태로 제 갈길을 걸어갈 것이다. 때문일까. 사람은 자신에게 주어진 평생의 삶의 시간을 어떻게 활용하는가에 따라 제 몫의 삶을 다하는 것이라 믿는다. 한때는 잠자는 시간이 아까워 한 시간이라도 깨어 있는 순간을 더 갖기 위해 애를 쓰던 젊음의 날들이 있었다. 시간은 금이라 믿고 있다. 무엇이든 어떤 시간 속에서 이룩해낸 성과물이기 때문이다.

생존

　10월의 햇살이 맑다. 정오를 지나 오후 한낮의 국립의료원 별관 앞 잔디밭 벤치에 커피 한 잔을 들고 앉았다. 아름드리 은행나무는 가지 사이로 알알의 열매를 메달고, 한 그루 감나무는 제법 성숙한 빛깔의 감을 가지마다 튼실하게 달고 있다. 한 모금의 자판기 커피가 목젖을 타고 흐르는데 저만치 짙은 녹음의 잔디 위에서 비둘기 한 무리가 먹이다툼을 하고 있다. 누군가 던져준 일용할 양식을 저마다 차지하려는 욕심인 듯하다. 재빠른 몸짓의 한 마리가 낚아채지만 금세 빼앗기고 만다. 어깨가 축 처진 패잔병의 모습으로 뒷걸음치는 비둘기를 바라보면서 너 나 할 것 없는 생존의 의미를 생각했다.
　아침 출근길의 분당 AK백화점과 S전자 건물 사이 광장에는 길거리 샌드위치 포장마차가 샐러리맨의 한 끼를 제공하고 있다.

샌드위치와 커피 그리고 한 가치의 담배를 피우는 사람들이 서성이는데, 그들 사이에는 간밤의 노숙에서 깨어나지 못한 노숙자가 오랜 길거리 삶의 흔적을 베고 빈 소주병과 함께 누워 있고 수십 마리 비둘기들의 아침 식사가 분주하다. 사람들이 떼어준 빵 조각을 차지하려는 비둘기 떼의 아귀다툼, 어느 날은 잠에서 깨어난 덥수룩한 머리의 노숙자 앞으로 몰려든 비둘기 떼를 보았다. 제 허기를 채울 빵 조각을 떼어 비둘기 떼를 부르는 노숙자, 그의 만면에는 깊은 평화가 흐르고 있었다.

어스름의 저녁, 종로 한복판 인도에도 비둘기는 산다. 사람들의 일터 못지않게 분주한 비둘기들의 삶의 현장이다. 붉은 눈을 지닌 비둘기들의 분주한 발걸음은 언제부터인가 사람의 발길을 두려워하지 않았고 가까이 접근해도 물러서는 법이 없다. 온갖 쓰레기를 뒤지거나 무엇을 찾는지 땅바닥을 헤집고 있다. 걸인의 떼처럼 우르르 몰려왔다 우르르 몰려가는 그들이 때론 무섭다는 생각이 든다. 어쩌면 이렇게 태연하게 사람의 터전에 스며들어 먹이다툼을 하고 있는 것인지 걱정스럽다. 그만큼 개체량이 늘어 각박한 생존의 위험 속에서 연명하고 있다는 반증임에 분명하다. 수많은 인파 속에 끼어 먹이를 찾고 있는 도심의 비둘기들을 본다.

'평화의 상징 비둘기'라는 말은 적어도 도심 속의 비둘기들에게는 어울리지 않는 말이 되었다. 눈길에 닿는 비둘기의 모습은 모두다 먹이다툼으로 혈안이 되어 있다. 어쩌면 사람들의 분주한 일상 모두도 생존의 의미를 위한 몸짓들이지 싶다. 하지만 대다수 사람들은 최소한의 휴식으로 문화를 만들어내고 사유하는 여유를 찾게 된다. 음악을 듣거나 차를 마시거나 독서를 하거나 영화를 보거나 한다. 물론 사람은 가장 진보된 고등동물로 만물의 영장이라고 하지만, 정신없이 먹이를 찾는 데 연연한 비둘기의 모습은 그리 아름답게 바라봐지지 않는다. 비둘기는 평화의 상징이라는 기대 때문일 것이다.

비교적 참새들의 지저귐을 자주 듣는 편이다. 몇 개의 화분이 놓인 옥상의 허공 위로 전선줄이 지나고 있는데 아침이면 더욱 싱그럽게 지저귀는 새들의 노랫소리를 듣는다. 어느 한 마리가 홀로 찾아오는 법 없이 최소한 대여섯 마리의 무리들이 전선에 앉아 종알거리곤 한다. 틀림없이 무슨 이야기들을 하는 게 분명한데 그들의 이야기를 들을 수 없어 안타깝다. 고개를 갸웃거리는 몸짓이 그내로 아름다울 뿐이다. 한참을 전선에 앉아 그들은 세상 이야기를 주고받고 사라진다. 비둘기들은 언제 무리지어 널아와 구구구 전선 위의 휴식을 찾을 수 있을지.

이제 곧 가을도 저물게 된다. 머지않아 찾아올 겨울의 차가움이 조금씩 피부로 느껴지고 있다. 여러 날을 하룻밤같이 하는 노숙자의 허술한 삶의 태도가 안타깝지만 그렇다고 먹이사냥에 물불 가리지 않는 비둘기의 악착같은 생존의 다툼도 아름답지만은 않다. 삶을 아름답게 하는 적당한 경계를 찾아야 할 것이다. 안위를 느낄 수 있을 만큼의 몸짓이 필요하다. 비둘기는 언제부터 평화의 상징이 되었을까. 비둘기를 보면 그대로 평화를 느낄 수 있는 날이 찾아올 수 있을지 모르지만 최소한 발가락이 잘려나간 비둘기가 절룩거리며 먹이사냥에 연연하는 모양은 치유되었으면 한다.

 눈을 감으면 이태리 카타리나 성당 종탑에서 울려 퍼지는 종소리를 들을 수 있다. 아득한 마을을 향해 번지는 종소리의 고요한 울림이 가슴에 스며든다. 눈물로 젖어 있는 가난한 이의 고통이 사라지고 오직 기도로 답하는 융숭한 삶을 살아낼 수 있기를 두 손 모아본다. 인류의 평화를 위해 만물의 생존을 위해 기도하는 구도자의 무릎 꿇음이 아름다울 수 있기를 기원한다. 비둘기들의 평화로운 삶의 터전이 바로 서고 거리를 배회하는 노숙자들이 제 몫의 삶을 경영할 수 있기를 빈다. 적어도 내 하루의 삶이 바동바동거리지 않기를 빌고 있다. 온갖 새들의 아름다운 노래가 살아 날 수 있도록 -.

침묵의 몸짓

가을비 내리고 난 뒤 가로수는 일렬종대로 서서 묵상 중이다. 시끄러운 도심의 온갖 소음들 귀에 담고도 큰 미동이 없다. 두 손 합장하고 무슨 기원을 드리는 것일까. 손바닥 크기의 잎새들 수북하게 시멘트 바닥 위에 내려놓고 앙상한 빈 몸으로 서서 눈을 감고 있다. 비 그친 등줄기에 내리는 한기를 움츠리거나 젖은 몸을 바람에 털고 있다. 세상에 놓인 모든 의미의 가치들 우여곡절 희로애락까지 해탈한 수도승의 법리法理를 깨우치려는 것일까. 속살 거침없이 드러난 플라타너스 일렬종대의 침묵 앞에 서서 흐르는 시간이 그려 놓은 한 폭의 계절 속에 자연스레 스며드는 나를 바라본다. 조용한 침묵의 몸짓이다.

유리창 밖의 풍경에 빠져드는 것은 예사로운 일이다. 오늘도 저 멀리 북한산 자락을 잡고 높이 서 있는 교회 종탑 십자가의 고요한 침묵이 눈에 든다. 인간으로 지닌 태초의 원죄를 대신 지고 골고다 언덕을 오르던 예수의 십자가 고통을 묵묵히 묵상하게 한다. 교회 건물 아래로 크고 작은 집들이 처마를 맞대고 동네를 이루어 조용히 앉아 있다. 시선이 골목을 벗어나는데 옷깃을 여미고 고개를 숙인 채 떨어진 낙엽 위를 걸어가는 중년 남자의 모습이 측은하다. 어린아이의 손을 잡고 횡단보도를 건너는 젊은 엄마의 행보, 할머니 한 분이 기역자로 굽은 허리를 지팡이 하나에 의지하고 천천히 걷고 있다. 모두는 백지 위의 검은 점 몇 개처럼 침묵의 깊이로 흐르고 있다. 유리창 속에 감추어진 시끄러운 일상의 고요를 바라본다.

  여름 내내 거실 밖에서 살던 동양란 한 분이 꽃대를 두 대나 올리기 시작하더니 꽃송이를 물고 꽃잎을 펼쳐냈다. 집 안으로 들여놓고 관상 중이다. 코끝을 스치는 꽃향기가 만만치 않다. 두 개의 꽃대에서 여섯 송이의 꽃이 꽃잎을 열었다. 쉽게 개화의 순간을 보여주지 않는 난꽃이 고고하게 꽃송이를 펼쳐 놓았다. 경이로운 모양새다. 온몸으로 흐르는 거룩한 침묵이 아름다움을 더한다. 일필휘지—筆揮之의 붓끝으로 그려낸다는 잎새의 청정함 사이로 솟아올라 피어난 꽃송이는 무언가 내게 말을 하고 있을지 모른다는 생각을 했다. 분명 어떤 의미를 내게 전달하고 있다는 생각이다. "아름다움은 순간이지요. 피어난다는 것은 곧 지는 것이니까요." 아름다움 속에 간직한 생명의 유한한 아픔을 내장한 꽃의 침묵을 생각했다.

날씨가 겨울에 이르기 시작하면서 겹겹의 옷으로 두께를 더하는 노숙자들의 모습을 보게 된다. 지하철 역사를 배회하거나 동네 공원 의자 위에 무심히 먼 하늘을 응시하며 앉아 있는 거리의 사람들이다. 그들의 공통점은 어딘가 정처 없이 걷거나 혼자 앉아 있다. 그리고 말이 없다. 횅한 눈으로 특정한 곳에 시선을 두고 두께를 가늠할 수 없는 검은 때 묻은 살갗으로 굶주림을 습관처럼 끌어안고 휘청휘청 걸어간다. 간혹 그들의 말없는 행동을 주시하면서, 스스로를 절망의 나락으로 몰아넣는 극명한 이유가 무엇일까를 생각했다. 우리 사회는 진정으로 이들을 방관자처럼 외면하고 있는 것인지. 아니면 이들은 스스로 활동하는 사회 일원이기를 거부하는 것인지- 한 끼의 공복도 해결하지 못한 채 침묵으로 일관하는 거리의 사람들을 무심히 바라볼 수만은 없다.

침묵하는 대상들은 소리 없는 아름다움이어야 한다. 말하지 않아도 느낄 수 있는 진실이 침묵 속에 흐르는 까닭일 것이다. 봄날 마른 땅을 헤집고 돋아나는 생명의 저 순연한 싹틔움처럼, 창공을 비상하는 새 한 마리의 고요한 침묵이 아름답다. 어쩌면 저 동녘 하늘 여명을 뚫고 솟아오르는 눈부신 태양처럼, 서산에 걸린 지는 해의 황홀한 노을처럼 조용한 침묵 속의 몸짓은 다 아름답다. 한때 사랑은 '사랑한다 말하지 않는 사랑'의 가치를 더 귀히 여기던 시절이 있었다. 사랑은 '사랑한다.' 말하는 순간 그 숭고함이 반감된다는 생각에서다. 그만큼 침묵 속에서 눈빛으로 느끼고 가꾸는 것이 진정한 사랑이라 믿었다. 침묵은 아침 해의 떠오름처럼, 지는 해의 곱다한 노을처럼 아름다운 몸짓이라 믿고 있는 까닭이다.

내 삶의 길에는

 무심히 시간 위에 누워서 시간이 남긴 무료함에 빠져 있을 때면 영락없이 조바심하게 된다. 마음의 여유를 지니며 내 자신을 시간 속에 맡기고 있다가도 불현듯 흐르는 시간이 슬그머니 내게서 스쳐 지나는 안타까움에 전신을 가다듬곤 한다. 순간에 스쳐 지나는 한 점의 투명한 바람, 손가락 사이를 빠져나가는 잡히지 않는 빗방울 같은 허술한 내 걸음을 재며 서성이게 된다. 가을빛 붉은 지금 나는 내가 밟아온, 때로는 선명하고 때로는 희미한 타이어 자국 같은 삶의 흔적을 바라보면서 남은 내 삶이 걸어야 할 설계도면을 펼치고 있다.

 지난 시간은 보다 나은 미래를 여는 열쇠이다. 살아온 시간의 자국이 아픔이었거나 혹은 기쁨이었거나 어제의 시간은 설익은 나를 여물게 하던 반성문과 같은 것이었다. 그러나 제아무리 최선을 다하는 삶이라 해도 시행착오는 따르는 법이라서 내 삶 속에도 후회라는 이름의 것들은 존재한다. 하지만 '실패는 성공의 어머니'라고 했다. 내 삶의 흔적 속에는 내가 지닌 역량 이상으로 보람된 일들이 더 많았다. 섣불리 남을 가르친다는 과욕으로 시작한 수업의 15년이란 시간이 순간처럼 지나간 지금 그 지난 시간이 모두 나의 공부였다는 감사함이 앞선다.

  내 남은 삶 속의 길은 어떤 것일지는 알 수가 없다. 우선 건강해야겠다는 생각이다. 그리고 같은 생각으로 문학의 길을 걷고 있는 이들과 향기로운 문학인이 될 수 있도록 바탕을 마련하는 일이다. 《문파문학》지가 이제 발간 6주년을 앞에 두고 있다. 조금씩 미흡함을 보완해 질 좋은 문학지로 발전해 나아가게 하는 일이다. 어떤 일에 이름을 지닌다는 것은 그 이름에 합당한 일을 만들고 추진해 함께하는 사람들과 따뜻이 마음을 나누는 일일 것이다. 마음만큼 노력해야 한다고 믿는다. 주어진 책무에 최선을 다하는 일은 후회하지 않는 삶을 사는 일인 까닭이다.

  한시도 시간을 헛되이 보내지 않겠다는 게 내 삶의 길에 놓인 '나침반'이었다. '오늘 내가 헛되이 보낸 이 시간은 어제 죽은 이가 그렇게 갈망하던 내일이었다.'는 고대 로마 시인 호라티우스의 명언을 깊이 묵상하고 산다. 시간은 깊은 갱도에서 채굴한 광맥 같아서 묵묵히 정제하면 찬연한 빛을 비추어낸다. 부단히 걸어온 문단 30년의 시간이 내면의 헐벗음을 풍요롭게 성숙시켰다고 믿는다. 글을 쓰는 일은 내가 지닌 감정과 의지의 붓끝으로 세운 지표가 되어 내 삶의 길을 닦는 채찍과 같았다. 오늘 이만큼의 크기로 나를 세울 수 있었던 것은 내가 써 왔던 수필이며 시의 오솔길에서 만난 금빛 햇살 같은 쓰는 행복이었다.

  앞으로 내 남은 생의 길에 놓일 삶의 빛깔이 무엇일지 기대되곤 한다. 딱히 무엇이다 말할 수 없겠지만, 우리의 삶은 예기치 않은 방향으로 운명의 실선을 전환시키는 예가 적지 않아 신께 감사할 때가 많다. 예단할 수는 없지만 최선을 다해 진실하게 주어진 일에 전념한다면 사람의 길에 놓인 진리眞理 하나쯤 체득하지 않을까 마음을 모으고 있다. 톨스토이는 70대에 《부활》을 집필하고 러시아의 대문호가 되었다. 아직은 지금보다 알찬 문학작품 창작의 꿈을 버리고 싶지 않은 욕심으로 가득하다. 내 삶의 길에는 엷은 햇살이 비치고 조용히 흐르는 클래식 음악처럼 싱그러운 바람 몇 점 불어 왔으면 좋겠다.

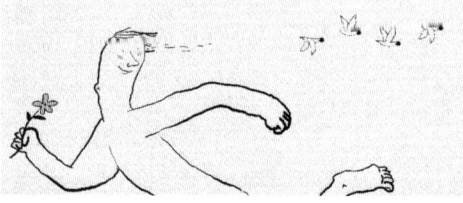

찰나

5

경청傾聽
찰나
식탁 위 사과 한 알의 낯빛이 저리 붉다
지나간 시간의 흔적은 아름답다
자존의 가치를 세우기 위해 잎을 버리는 나무처럼
낙엽의 춤사위
나무는 무엇을 버리고 무엇을 품으려 했을까

경청 傾聽

 자정이 넘은 시각이다. 한낮에 들리지 않던 차량의 소음이 귓전에 머물고 있다. 멀리서부터 시작된 미세한 소리가 점점 음폭을 높이며 달려왔다가는 다시 또 저 먼 데 소리로 사라져 지나간다. 통일로 변 간선도로 주변에 살고 있지만 깊은 밤이면 귀 기울이게 하는 소리이다. 한낮 풀리지 않는 교통체증으로 속도를 내지 못하던 차들이 양껏 숨을 열어 놓고 마음껏 질주하고 있다. 적막한 밤일수록 더 극명하게 들리는 이 소리, 나는 가끔 밤의 공막을 뚫고 다가서는 이 소리에 귀를 기울이며 소리가 전하는 근원적 메시지에 대하여 생각한다. 모든 소리는 그 파장에 따라 어떤 의미를 안고 누군가의 청각을 찾아간다.
 해마다 섣달그믐 자정이면 종로2가 보신각에서는 33번의 종소리가 댕- 댕 8징안 울림으로 한 해의 문을 열고 있다. 이 제야의 종소리를 듣기 위해 몰려든 인파로 광화문에서 종로까지의 거리는 인산인해를 이룬다. 본래 불교의 우주관, 28계 33천 신앙에서 유래되어 타종하기 시작한 제야의 종소리는 이제 밝아오는 새해 국민의 무병장수를 비는 기원을 담고 있다. 한 번의 종소리가 새해 첫날의 대기에 울려 퍼질 때마다 세상에서의 온갖 번뇌를 버리고, 스스로의 행실을 바르게 닦는 수행을 통하여, 깨달음이라는 참 진리를 밝혀야 한다는 메시지를 듣게 된다. 소리 이면에 채워진 말씀들이 새 아침의 마음을 경건하게 한다.

여러 마리의 참새들이 나뭇가지에 앉아 무어라 지저귀고 있다. 가지와 가지 사이를 오가며 분주하게 움직이면서도 서로 주고받는 말들이 예사스럽지 않다. 오늘 아침 사람들의 세상에서 일어난 뉴스거리를 도마에 올려놓고 각기 관심을 높이고 있는 듯도 싶다. 북한 김정일의 갑작스런 사망 소식에 대한 분분한 이견이다. 어쩌면 사연사기 아니라 타살이지 모른다고도 한다. 정치란 베일 안에 감추어진 수수께끼 같아서 사실 여부에 관계없이 늘 첨예한 상상의 날개를 달고 다니지만 솔깃해진다. 새들의 지저귐을 경청하고 나면 새로운 발견이라도 한 듯하여 귀가 크게 열릴 때도 있다. 예컨대 차기 대권 주자는 아무개가 가장 유력하다느니 하는 소리들이다.

중요무형문화재 제45호 대금산조 예능보유자 이생강님의 연주를 감상했다. 애끓는 가슴의 한을 절절한 곡조로 풀어내는 듯한 선생의 연주는 마음의 고요를 키우는 자연의 소리이다. 오롯

이 경청하기 위해 눈을 감았다. 마치 깊은 산속에 앉아 있는 듯 서서히 무아경의 적요 속에 빠져들기 시작한다. 젓대 하나로 평생을 살았다는 명인의 집요한 투신은 하얀 두루마기 자락 속에서 가장 한국적인 가장 세계적인 음조를 빚어내고 있었다. 먼 산자락을 감도는 새소리와 심산유곡에 흐르는 청정한 물빛인 양 유유히 흐르는 소리의 내밀한 고요와 만난다. 하늘을 덮는 먹구름같이 가슴을 휘감고 있는 온갖 번뇌를 내려놓고 경청하다 보면 푸른 초원 위를 나는 한 마리 나비가 된다.

연체동물의 몸짓 같은 흐름을 안고 굽이쳐 흐르는 강물의 소리를 들을 때가 있다. 강물은 무슨 생의 업보를 씻기 위해 저토록 목을 놓아 울부짖는지 쏴아! 쏴아! 목쉰 바람 소리를 낸다. 깊은 계곡 산의 영혼이 맑은 샘물로 솟아나 세상 진리를 탐구하기 위한 순례의 시작이었다면 실개천과 시냇물을 흘러 얼마나 가슴 찢는 탁유를 마시며 넘어지고 엎어져 저토록 푸른 멍이 들어 목을 놓고 울고 있는지- 강물의 울음은 골고다 언덕에서 사람의 원죄를 대신하여 십자가에 못 박혀 돌아가신 예수님의 성혈처럼 아프다. 한참을 강물의 울음소리에 귀 기울여 경청하다 보면 우리 삶은 진리를 탐구하기 위한 평생의 수련인지 모른다는 생각이다.

세상에 존재하는 모든 소리들은 각기 존재의 이유가 있다. 비록 어떤 형태를 지니지 못하고 있으나 온갖 소리들이 전하는 의미와 만나고 질문을 듣다보면 소리의 내밀한 근원을 체득하게 된다. 경청히어 가슴에 남으면 깊고 넓은 소리의 세계와 손잡을 수 있어 가슴에서 피어오르는 복사꽃 향기를 맡게 된다. 세상에 흐르는 모든 소리를 귀담아 듣는 일은 그 소리에 대한 이해와 깊이에 닿는 일이다. 가스레인지 위에서 파르르 파르르 보리차 끓는 소리가 부드럽고 연하다. 어린아이의 웃음소리처럼 맑고 깨끗하다.

찰나

 어젯밤만 해도 봉오리를 잔뜩 부풀려 놓고 꽃 피우기를 준비하던 동양란 보세가 오늘 아침 눈을 떠 보니 꽃을 피워 놓았다. 여명의 아침, 눈을 뜨고 햇살을 마중하는 강물처럼 호기심 깊은 눈으로 홀연히 서서 신비스런 꽃의 자태를 바라보았다. 몇 분의 난초를 기르며 꽃대에 매달려 있던 봉오리는 확인했지만 정작 꽃봉오리가 꽃을 피우는 순간은 확인하지 못하여 늘 궁금증이 일곤 했다. 비단결 같은 꽃잎을 기지개를 켜듯 펼쳐내는 모양을 직감할 수 있다면 하는 욕심이었다. 꽃봉오리가 꽃을 피우는 순간이나 찰나라고 하는 이 절대적인 시간, 어떤 일이나 현상이 이루어지는 그때에 세상은 천태만상의 모양새로 새로운 의미를 지니게 된다는 생각을 한다.
 계사년 새해의 문을 열기 무섭게 새 생명의 탄생을 맞이했다.

대한민국 새해 첫둥이의 건강한 남아 탄생이다. 1월 1일 1시 13분 시곗바늘이 순간의 시각에 머물기 무섭게 생명의 첫 고동을 울린 아기의 신성한 세상 나들이는 경이로운 기쁨이다. 어머니의 태반으로부터 성장하여 태어난 이 경건한 순간은 생명 존재의 아름다움을 보여주고 있다. 매 순간 지구촌을 울리는 새 생명의 수는 몇이나 될까. 이들은 새로운 세대를 이어가는 신세계의 원동력이 되겠지만 생명의 유한성에 의한 질서의 흐름은 찰나의 이면 또한 확인하게 한다. 이슬처럼 사라지는 생명의 소멸이다. 생명 탄생이라는 기쁨 저 너머의 공간에 존재하는 영원한 이별의 아픔 또한 찰나의 일이다. 세상을 살며 연결한 모든 인연의 끈을 순연히 내려놓고 떠나게 되는 슬픔이다.

지는 해의 끝에서 뜨는 해의 시작으로 연결되고 있는 올겨울은 유난히 춥고 눈이 많이 내려 교통난이 배가되었다. 또한 쌓인 눈이 얼어붙어 미처 관리하지 못한 동네의 골목은 온통 빙판길이었다. 평소 자주 넘어지기를 잘하는 나는 해마다 겨울이면 살얼음 걷듯 길을 걷곤 하는데 헌데 그 조심스런 방어에도 뒤통수를 얻어맞는 난감함을 당하고 말았다. 조심조심 신발 바닥에 온 신경을 집중시켜 걸음을 옮기는데 엉덩방아를 찧고 말았다. 순간 아찔한 찰나가 지나고 무거운 몸을 털고 일어서는데 급기야 손목이 부어오르기 시작했다. 지금 나는 오른쪽 팔에 깁스를 하고 왼 손으로 워드작업을 하고 있다. 찰나의 순간이 이어준 생활의 불편을 감내하는 중이다. 단 1초의 시간도 소용되지 않았을 순간의 일이지만 삶의 저변에 미치는 영향은 너무나 크다.

　매사는 순간의 시간 속에서 이루어진다. 국가와 국가의 명운을 잇는 그 어떤 협약도 짧은 순간 양국의 대표가 협약서에 사인을 하는 그 찰나로부터 시작된다. 예측할 수 없는 일들이 삶이라는 매 순간의 시간 속에서 운명처럼 이루어지고 있다. 비교적 지하철 교통수단을 이용하는 나는 환승을 자주하는 편인데 3호선을 타고 4호선을 타거나 6호선을 타고 2호선을 갈아타게 되는데 어느 날은 기다리기라도 했던 것처럼 대기하고 있는 차량을 갈아탈 때가 있다. 기분 좋은 하루를 시작하게 되는데 어느 날은 간발의 차이로 출발하는 전동차의 꽁무니를 한참 바라보는 아쉬움을 느끼기도 한다. 명암이 갈리는 순간이다.

　음식을 조리하다가 도마 위에 놓여 있던 칼을 바닥에 떨어뜨리고 말았다. 발등을 스치고 지나간 칼날을 생각하며 위험을 모면한 순간에 대하여 긴 안도의 숨을 쉬지 않을 수 없었다. 운전을 하는 날은 매 순간 긴장을 하게 되는데 옆 차선을 달리던 차가 갑자기 앞차에 달려 꽁무니를 들이받는 것을 보았다. 연쇄 반응으로 앞차는 그 앞차를, 차량 세 대가 눈 깜짝할 사이에 접촉사고를 일으키고 말았다. 예기치 않은 순간의 일이었다. TV 화면 속 감미로운 자태로 춤을 추는 무희나 온몸으로 노래를 부르는 사람들을 바라보는 매 순간처럼 아름다운 감동의 순간만이 삶의 길에 놓여질 수 없는 일임에는 분명하지만 안타까울 때가 많다

　순간, 찰나에 일어나는 예기치 않는 일은 이제껏 살아왔던 삶

의 각도를 수정하지 않을 수 없는 절박한 지경에 맞닿아지기도 한다. 물론 희망적이거나 긍정적 상황으로 내일을 내다보게 하는 전환점이 찰나에 이루어진다. 유유히 흐르는 강물 위에 돌 하나가 떨어져 파문을 일으키는 찰나, 물살이 튀어오르며 작은 무지개를 그려 놓을 수도 있을 것이지만 물속 물고기 한 마리의 등을 맞출 수도 있다는 사실이다. 그러나 피할 수 없는 운명의 손길처럼 다가오는 이 절대적 순간은 감사와 은혜로움이기를 기도하는 수밖에 없다는 생각이다.

식탁 위 사과 한 알의 낯빛이 저리 붉다

 조석으로 제법 찬바람이 살갗에 스며든다. 바로 어제인 듯싶은 무더위가 완연히 자취를 감추었다. 한낮의 햇살도 입술이 부풀도록 화염을 토해내던 오기를 내려놓았다. 다만 어린 자식의 성장을 위한 어머니의 깊은 사랑처럼 가을빛 맑은 햇살은 가닥마다 따사롭다. 긴 우기로 덜 여문 곡식이며 과실들이 한 뼘의 햇살도 놓치지 않으려 혼신을 다하고 있다. 계절은 풍요로운 결실의 가을을 마련하여 봄부터 땀 흘린 농부들의 노고에 답하고 싶은 모양이다.
 하루도 성한 날 없이 세상을 빗물에 담그어 놓던 장마와 풋과실을 낙하시키던 태풍의 흔적은 아픔이었다. 한 줌도 남아 있지 않을 것이라 예상했던 농작물이 어디서 제 몸을 보존하였다가 얼굴을 내밀고 있다. 추석 명절이 며칠 남지 않았다. 거리엔 붉은 낯빛의 사과며 튼실한 크기의 배들이 상자에 담겨 제 주인을 기다린다. 감사한 일이다. 무 배추 고추 등의 수확이 감소된 것은 사실이지만 대형 쇼핑센터나 재래시장의 좌판 위에는 풍성한 가을이다.

  어떤 고난도 딛고 일어설 수 있는 용기만 있다면 극복하여 절망하지 않을 수 있다는 믿음을 지니게 한다. 견디기 어려운 고통이나 아픔일지라도 신실한 마음으로 견딜 수 있는 믿음 앞에서는 비바람 태풍 뒤에 일어선 황금빛 벌판처럼 아름다운 결과를 안겨 준다는 일이다. 수많은 사람만큼이나 수많은 아픔들이 삶의 바다에 출렁이고 있다. 각자의 삶의 크기에 따라 배분된 고통의 크기를 지난여름엔 함께 손을 잡고 이겨낼 수 있었다. 그 인내로 하여 식탁 위의 저 사과 한 알의 낯빛이 저리 붉은 모양이다.

지나간 시간의 흔적은 아름답다

 바람의 입김이 차다. 하늘빛은 푸르고 높아 막힌 가슴을 단숨에 무너뜨리고 마는 계절이다. 하지만 조석으로 부는 바람이 확 트인 가슴속에 너무나 큰 공허를 앉히고 있다. 들녘에는 온갖 과실이며 곡식이 익어가지만 풍요의 크기가 크면 클수록 결실의 자국은 한 해의 끝을 이야기하고 있어 쓸쓸하다. 황금빛 벼를 거둔 빈 논바닥 같아 가슴을 앓게 한다. 못다 한 그리움처럼 못다 한 욕망이라도 남아 있는 까닭일지 모른다.
 뒤돌아보면 지난 시간은 늘 그 자리에서 무지갯빛 내일을 꿈꾸는 갈망 속에 존재하곤 했다. 하지만 채워지지 않는 갈망의 그 추억만으로도 지나간 시간의 흔적은 아름답다. 비록 어느 현재도 욕망의 사슬에 메이지 않는 순간이 없어 내일에 대한 기대로 달뜨게 하지만 지나고 나면 어느 한순간의 과거도 아름답지 않은 날이 없는 것이다. 다만 현재는 얼마나 더 가득해야 진리에 순하여 아름다울 수 있을지 쉬이 가늠하게 하지 않는다.

하나의 일이 시작되고 하나의 일이 마무리되는 반복의 연속이 일상이다. 누구나 자신에게 주어진 일을 위하여 수많은 하루를 살아가는 게 인생이지만 이 가을에 던져진 우리들 각자의 삶의 빛깔은 무엇일까 궁금하다. 지나친 사랑도 독이 되고, 지나친 미움도 독이다. 진실한 것은 가슴에 담아두면 가슴속 온기로 싹을 키우고 꽃을, 열매를 매달 수 있겠다 싶지만 사랑도 가슴에 안은 욕망의 부피 때문에 둑을 무너뜨리는 댐과 같다.

무엇을 더 가득히 보여주려고 한 것이 독이 되지 않았기를 지난 시간을 돌아보며 생각한다. 부질없는 욕망이 사람을 키우는 일이지만 부질없는 욕망이 사람을 버리기도 한다. 가슴을 열어 스스로의 삶을 내다보는 자성의 계절 탓일까. 번개처럼 스쳐 지나는 것이 시간이라는 것을 극명하게 실감한다. 어느새 단풍의 그 고운 빛도 시들기 시작하고 보도 위엔 가지에서 투신한 마른 잎들의 뒷모습이 흔들리고 있다. 그럼에도 그리움이 그리움을 키운다.

자존의 가치를 세우기 위하여 잎을 버리는 나무처럼

 나무가 잎을 버린다. 봄 여름 그 푸르렀던 영화의 흔적을 다 내려놓았다. 한때 간절히 지니고 있었던 가슴 가득한 꿈으로의 아름다움이 바람결에 사라지고 있다. 가을과 겨울 사이, 이즈음이면 한 번쯤 그 잔혹한 이별과 마주 서서 자존의 의미를 생각하게 된다. 진정으로 나무가 원하는 건 무엇일까. 가지에 안겨 있던 조각 조각의 사랑 깡그리 허공 중에 밀어내는 아픔 견디는 일일 것이다. 잎과 잎으로 남긴 그 수많은 상처를 딛고 일어서는 나무의 의지를 배운다. 너무 많은 욕심으로 내 안에 품고 있던 부질없는 욕망들이 이 계절엔 다소 고개를 숙이게 된다.
 지난 발자국 뒤에는 아무것도 남기지 말라고 한다. 맹목의 미련은 남겨두지 말라는 말일 것이다. 우리의 삶이 진정으로 어떤 가치를 세울 수 있을 때 잎을 버리는 나무의 슬픔처럼 소중한 것을 버릴 수 있을 때 진실은 남게 된다. 때문에 진정한 것들 앞에서 진실은 우리의 양심을 부끄럽게 하지 않는다. 12월은 한 해의 흔적을 살피되 미련은 갖지 말자고 한다. 새봄을 기다리는 나무처럼 새로운 꿈을 향해 새로운 한 해를 맞이해야 하기 때문이다. 버릴 건 돌아보지 말고 미련 또한 남기지 말아야 할 것이다.

이제 다시는 돌아오지 않을 2011년의 후미에 서서 마음 가다듬고 2012년의 한 해를 설계해야 한다. 좋은 글쓰기, 따뜻한 이웃사랑 나누기를 통한 이제껏 걸어온 성실한 자세로 내 삶의 밭을 경작해 준다면 하는 바람이다. 저녁 안개 자욱한 겨울의 스산한 바람이 가슴을 파고든다. 그러나 우리들에게 문학이라는 절체절명의 구원의 손길이 존재하는 한 어떤 아픔도 어떤 슬픔도 치유의 명약이라는 것을 믿어야 할 것이다. 자존의 가치를 세우기 위하여 잎을 버리는 슬픈 나무처럼 가슴 저미는 아픔도 견뎌내야 할 것이다.

낙엽의 춤사위

 옷깃을 뚫고 스미는 바람이 차다. 가지 끝으로 조금씩 물들기 시작하는 가로수의 가을 옷차림도 붉은 색감으로 변모하고 있다. 계절이 깊어간다는 의미이다. 완연한 가을빛의 단풍이 온 산을 물들이는 보다 깊은 계절이 되면 가을은 또 얼마나 텅 빈 나목의 공허로 마음을 적셔놓을지. 떨어져 쌓인 낙엽을 밟으며 어디론가 정처 없이 걸어보거나 공원 벤치에 앉아 노오란 은행잎 비를 맞을지도 모른다.

 벌써부터 플라타너스는 손바닥만 한 잎새를 툭툭 시멘트 맨바닥에 떨어뜨리며 조락의 의미를 가슴에 담고 있다. 아직 푸르스름한 그대로의 잎들이 잠깐 쏟아진 바람 묻은 빗줄기에 사정없이 떨어져버렸다. 이별 연습이다. 가을은 더없이 매혹적인 붉고 노란 색감이 나뭇잎으로 사람들을 불러 모아 잔치를 차리고는 미련 없이 가지에서 등을 돌리게 한다. 우수수 떨어지는 붉은 단풍잎을 보면 낙화암에 몸을 던진 꽃다운 삼천궁녀들의 처절한 아름다움을 생각하게 된다.

뒷집 정원에 자라는 감나무가 금년에도 어김없이 붉은 등불을 나무 가득 밝히고 있다. 가지가 휘어지도록 불을 켠 감 열매는 아직 검붉은 감잎들 속에 얼굴을 묻고 있다. 아이 손가락 마디 크기에서부터 오늘에 이르기까지 비바람 폭풍을 막아주던 잎새들이다. 이제 알알의 감들은 어머니 품같이 의지하던 잎새들과 이별해야 한다. 가장 아름답고 가장 성숙한 감 열매를 세상에 온전히 보여주기 위해 잎 하나도 남김없이 가지에서 떨어져 내린다.

떨어져 내린다는 조락의 의미는 슬픔이다. 이별의 아픔을 예비한 가을은 아름다운 슬픔을 손끝에 쥐고 있다. 찬란한 아름다움 뒤에 떨어져 흩어지는 수많은 이별, 그렇게 가을은 그 많은 이별의 말을 낙엽이 춤사위로 보여준다. 바람의 손길에 잡혀 한정 없이 떨어져 구르는 춤사위의 아름다움으로 이별의 서러움을 대신한다. 잎 하나 붙들지 않고 가지 가득 불집을 매달 감나무의 눈부신 이별의 아픔도 곧 시작될 것이다.

나무는 무엇을 버리고 무엇을 품으려 했을까

 계절은 이제 꽃을 머금던 가지 끝에서 다소는 무른 씨앗을 버리고, 다소는 열매라는 성숙한 꽃의 흔적을 남기거나 풍성한 녹음의 나무로 서 있다. 무엇을 버리고 무엇을 가슴속에 품으려 했던가를 확연히 보여주는 모양새이다. 간혹 삶의 길에서 무엇을 버리고 무엇을 남겨야 하는지 고뇌할 때가 있다. 본의 아니게 나는 그게 아닌데 하다가 상대의 성급한 판단 앞에서 아파하기도 한다. 안타까운 일이지만 이 또한 처신이 선명하지 못한 비춤으로 비롯된 오인임을 인식하게 된다. 그러나 정성껏 가꾸어온 내 뜨락이 무참히 무너지는 아픔은 쉬이 치유되지 않는다.
 자존이라는 지극히 이상적인 것이면서 지극히 허망한 것의 의미를 생각한다. 그럼에도 불구하고 사람들은 어느 때 자존심을 버리고 어떤 소중한 가치를 세우기 위해 나를 땅 끝까지 내려놓을 수 있는 것일까 돌아본다. 나를 투신하여 소멸된다 하더라도 진실의 가치를 세울 수 있는 일 앞에서가 아닌가 싶다. 하지만 무너져 내리는 자존의 훼손은 찬바람이는 가을날 벌어진 창문 틈 사이로 스미는 한기이다. 끝없는 나락으로 떨어져 내리는 슬픔의 가엾은 소멸, 살갗을 허무는 아픔이다.

허술한 욕심의 그늘이 자존은 아닐지 생각한다. 한 그루의 소나무를 생각하는 일, 청정함의, 올곧음의, 꿋꿋한 변함없음의, 나를 지켜나가는 일이 자존이다. 어느 시인의 귓가를 떠나지 않는, 소나무의 바람 소리를 듣는 일이다. 삶의 뒤안길에 예상치 않게 다가서는 소낙비 같은 것, 이에 스러지지 말라고 귓가를 맴도는 소나무의 수근거림을 듣는 일이다. 가슴 가득한 욕심으로 부른 상처 앞에서 부질없음을 깨닫는 일이 자존의 힘이다. 알 수 없는 까닭의 미소가 지어지고 음악 소리가 들린다. 가슴이 넉넉해진다.

[연보]

- 충북 청주 출생
- 1982년 《한국수필》〈성명철학〉추천 완료
- 1983년 《월간문학》 신인상 당선 〈관음소심〉
- 1983년 한국문인협회 회원
- 1983년 한국수필가협회 입회 (현 부이사장)
- 1984년 대표에세이문학동인회 창립회원
- 1986년 여성문학인회 입회 (현 부이사장)
- 1986년 가톨릭문우회 입회
- 1986년 대표에세이 서울지회 초대회장 역임
- 1987년 한국문인협회 김동리 이사장 공로패 수상
- 1988년 제5회 동포문학상 우수상 수상 (한국문인협회)
- 1991년 현대수필문학회 이사 역임
- 1992년 대표에세이문학회 회장 역임
- 1992년 ~ 현 국제펜클럽 한국본부 입회 (현) 이사
- 1992년 ~ 1994년 송파문화원 시 수필 강사
- 1993년 한국낭송문학회 부회장 역임
- 1994년 ~1996년 중앙도서관 수필 강좌 강사
- 1994년 ~ 지연희 창작교실 운영
- 1995년 서울시 광복 50주년 기념(시 107선, 수필170선) 편집
- 1996년 제11회 한국수필문학상 수상

- 1997년 ~ 현재 삼성프라자 문화센터 시 창작반 강사
  (현 AK문화아카데미)
- 1999년 ~ 2000년 종합문학지 《한국문인》 주간 역임
- 1999년 ~ 현 동남보건대학 평생교육원 문예창작과 주임교수
- 2001년~2010 일산 그랜드백화점 문화센터 시, 수필 강사
- 2003년 ~ 2005년 동덕여자대학 문예창작과 출강
- 2003년 ~ 《시문학》 신인상
- 2003년 ~ (사)현대시인협회회원 입회 (현 이사)
- 2003년 ~ 한국시문학 시인회 회원
- 2004년 ~ 2006년 (사)한국문인협회 감사 역임
- 2006년 ~ 현 계간 《문파문학》 발행인
- 2007년 ~ 현 신세계 죽전점 문화아카데미 시 창작반 강사
- 2009년 ~ 2009년 덕성여대 평생교육원 수필 창작 출강
- 2009년 ~ 현 신세계 본점 문화아카데미 시 창작반/수필 창작반 강사
- 2010년 ~ 현 일산 현대백화점 킨텍스점 문화아카데미 시 창작반 강사
- 2011년 ~ 현 사단법인 한국문인협회 수필분과 회장

[출간서적]

- 1986년 수필집 《이제 사랑을 말하리라》 출간 (융성출판)
- 1988년 수필집 《사랑찾기》 출간 (융성출판)
- 1989년 수필집 《가난한 마음을 위하여》 출간 (예가출판사)

- 1989년 수필집 《그리운 사람이 올 것만 같아》 출간 (청송출판사)
- 1989년 시집 《마음읽기》 출간 (청송출판사)
- 1990년 수필집 《비추이는 것이 어디 모습뿐이랴》 출간 (한국예술사)
- 1991년 수필집 《그대 가슴에 뜨는 초록빛 별처럼》 출간 (예가출판사)
- 1992년 전기 《도전 노오벨상 전 3권》 출간 (청솔출판사)
- 1994년 수필집 《네게 머무는 나는 얼마나 아름다운지》 출간 (외길사)
- 1998년 수필집 《하얀 안개꽃 사랑》 출간 (문학관)
- 1998년 시집 《하루가 저물고 다시 아침이》 출간 (마을)
- 2000년 수필집 《시간의 유혹》 출간 (정은출판)
- 2001년 시집 《초록물감 한 방울 떨어져》 출간 (정은출판)
- 2003년 시집 《나무가 비에 젖는 날은 바람도 비에 젖는다》 출간 (정은출판)
- 2004년 시집 《사과나무》 출간 (정은출판)
- 2006년 작품론 《현대시 작품론》 출간 (정은출판)
- 2006년 작품론 《현대수필 작품론》 출간 (정은출판)
- 2007년 수필집 《시간의 흔적》 출간 (정은출판)
- 2009년 시집 《남자는 오레오라고 쓴 과자케이스를 들고 있었다》 출간 (코드미디어)
- 2010년 수필집 《매일을 삶의 마지막 날이라고 생각할 수 있을 때》 출간 (코드미디어)
- 2013년 수필선집 《사계절에 취하다》 출간 (코드미디어)

[수상]

- 1988년 제 5회 동포문학상 수상 (사단법인 한국문인협회)
- 1996년 제11회 한국수필문학상 (사단법인 한국수필가협회)
- 2004년 2004소월문학상 수상 (새한국문학회)
- 2012년 대한문학상 대상 수상 (대한문학회)
- 2013년 구름카페문학상 수상 (현대수필문학회)

현대수필가 100인선 Ⅱ - 3 지연희 수필선
식탁 위 사과 한 알의 낯빛이 저리 붉다

초판 인쇄 2014년 09월 15일
초판 발행 2014년 09월 20일

지은이 지연희
펴낸이 서정환
펴낸곳 수필과비평사 · 좋은수필사
주소 서울시 종로구 삼일대로 32길 36(익선동 30-6 운현신화타워 빌딩) 305호
전화 (02) 3675-5633, (063) 275-4000 · 0484 팩스 (063) 274-3131
이메일 sina321@hanmail.net essay321@hanmail.net
출판등록 제 300-2013-133호
인쇄 · 제본 신아출판사

저작권자 ⓒ 2014, 지연희
이 책의 저작권은 저자에게 있습니다. 서면에 의한 저자의 허락없이 내용의
일부를 인용하거나 발췌하는 것을 금합니다.

저자와 협의, 인지는 생략합니다.
잘못된 책은 바꿔 드립니다.

ISBN 979-11-85796-17-8 04810
ISBN 979-11-85796-15-4 (전100권)

값 7,000원

> 이 도서의 국립중앙도서관 출판시도서목록(CIP)은 서지정보유통지원시스템 홈
> 페이지(http://seoji.nl.go.kr)와 국가자료공동목록시스템(http://www.nl.go.kr/
> kolisnet)에서 이용하실 수 있습니다.(CIP제어번호: CIP2014026743)

Printed in KOREA